数字经济时代的创业前沿系列

商业模式创新实践的技术基础与理论挑战

周冬梅 著

国家自然科学基金重点项目"新创企业商业模式形成与成长路径"（71732004）和国家自然科学基金面上项目"数字平台生态系统中互补者的创业成长机制研究"（72272023）联合资助

科学出版社

北京

内 容 简 介

成功的商业模式创造了一种启发式逻辑，释放了技术的潜在价值，将技术潜力与经济价值的实现联系起来。本书聚焦于企业技术能力与商业模式创新之间的微观机制和实践动态，依托"中国创业企业成长动态跟踪数据库"展开理论和描述性统计分析，旨在勾勒我国新兴企业技术能力、商业模式创新与经济价值实现之间的实践关系，从中凝练有价值的科学问题，并启发企业家理性探索商业模式创新的技术基础。

本书适合正在或打算从事创业管理、战略管理等领域研究的研究人员，也适合创业者等正在开展商业模式创新的实践人士。

图书在版编目（CIP）数据

商业模式创新实践的技术基础与理论挑战 / 周冬梅著. —北京：科学出版社，2023.12

（数字经济时代的创业前沿系列）

ISBN 978-7-03-077100-1

Ⅰ. ①商… Ⅱ. ①周… Ⅲ. ①商业模式–研究 Ⅳ. ①F71

中国国家版本馆 CIP 数据核字（2023）第 228070 号

责任编辑：王丹妮 / 责任校对：张亚丹
责任印制：张　伟 / 封面设计：有道文化

科学出版社 出版
北京东黄城根北街 16 号
邮政编码：100717
http://www.sciencep.com

北京盛通数码印刷有限公司 印刷
科学出版社发行　各地新华书店经销

*

2023 年 12 月第 一 版　开本：720×1000　1/16
2023 年 12 月第一次印刷　印张：8 3/4
字数：180 000

定价：98.00 元

（如有印装质量问题，我社负责调换）

总　序

党的十八大以来，创新驱动发展战略不断深化实施，高质量发展已成为我国经济社会发展的主旋律，党的二十大进一步将高质量发展与中国式现代化建设融合，高质量发展是新时代中国产业和企业未来发展的必由之路。创新驱动显然是企业实现高质量发展的客观要求，但驱动企业高质量发展的创新内涵具有很强的时代性。

回顾人类经济社会发展历史，技术变革是推动产业和企业转型发展的根本力量，产业和企业转型发展在很大程度上主要表现为组织和管理创新，每轮技术变革都会催生出组织和管理范式变革。以蒸汽机和铁路为代表的技术革命让人类告别手工作坊时代，以"直线职能制"为典型的现代企业迅速登场；以电力和钢铁为代表的技术革命让企业告别经验式管理逻辑，以"科学管理"为代表的现代工厂管理逻辑快速普及；以汽车与石油为代表的技术革命让企业逐渐放弃"直线职能制"的组织形式，以"战略—结构"为核心组织逻辑同时容纳多个事业部的现代公司成为主导，也是在这一时期，企业与公司之间才有了组织和管理含义上的根本区别。

20 世纪 90 年代以来，我们正在经历以"信息、通信和数字技术"为核心的新一轮技术革命，尽管关于"什么是信息数字时代赋予的公司属性，或者说信息数字时代赋予了公司什么新的时代烙印"这一关键问题的理论和实践探索还在继续，但企业价值创造逻辑从封闭走向开放、从组织内走向组织间、从边界管理到跨边界管理的变化逐渐成为共识，这一变化根植于互联网、信息和数字等新兴技术的基本属性，同时又超越技术本身诱发了复杂而系统的管理挑战。正是在这一背景下，与其他新兴管理概念一样，商业模式在 21 世纪初迅速成为理论界和实践界探索并归纳新兴公司实践的重要概念，商业模式成为分析并理解企业间行为和绩效的新分析单元，这一判断开始得到主流学者的普遍认同。因为融合了时代之新，商业模式研究富有很强的挑战性，这一前沿话题还没有在创业领域特别是组织和战略领域获取充分学术合法性，不少学者还在争论商业模式与经典组织和战略概念之间的差别，同时尽管商业模式研究文献增长迅猛，但因难以被观测和测度等基础性难题，研究问题宽泛、理论积累高度零散等问题非常突出。2017 年，我设计的研究课题"新创企业商业模式形成与成长路径"获得国家自然科学基金重点项目资助，在研究过程中不断向专家同行请教学习，努力独辟蹊径来克服商业模式研究面临的理论挑战，决定从解决商业模式难以被观测和测度这一基本问题入手来破题，设计并组织建设了中国创业企业成长动态跟踪数据库（Chinese Panel Study of Entrepreneurial Development，以下简称为CPSED II 数据库），从最初设计至今，组织研究团队持续七年多不断建设并完善数据库。数据库建设为课题研究提供了支持，更为重要的是为我们了解并洞察中国新兴企业的商业模式创新实践并从中进一步凝练和探索有价值的科学问题提供了重要基础。

结合数据库建设和开发，2018年7月4~5日，我邀请中国人民大学郭海教授、中山大学李炜文教授、西南政法大学韩炜教授、暨南大学叶文平教授、华中科技大学叶竹馨副教授等在天津召开了国家自然科学基金重点课题专家论证会暨CPSED II 数据库联合开发学术研讨会，基于数据库联合开发的合作机制达成共识，组建创业研究青年学术联盟。随后，上海大学于晓宇教授、中国科学技术大学乔晗教授、浙江大学沈睿研究员、电子科技大学周冬梅副教授等加入创业研究青年学术联盟。我们每年召开两次研讨会，聚焦数据库开发讨论研究想法和设计、交流并相互启发基于数据库形成的工作论文……直到2020年初因新冠疫情而被迫暂停线下研讨，但线上讨论和交流一直在持续。结合不断的交流和研讨，我们不断在追问的是除了互联网和数字技术等技术因素，还有些什么是驱动企业商业模式创新的根本基础？因为互联网和数字技术等新技术应用固然重要，但我们仍可以发现不少新商业模式脱生于工业时代，商业模式创新可能并非简单的技术应用问题，而是管理问题，甚至可能是驱动组织和管理范式转变的重要问题。于是，我们决定结合CPSED II 数据库的统计分析，"四维一体"地讨论企业商业模式创新的根本基础：以企业领导班子如何驱动商业模式创新为核心的微观基础；以组织间网络如何驱动商业模式创新为核心的网络基础；以组织内结构如何驱动商业模式创新为核心的组织基础；以技术创新如何驱动商业模式创新为核心的技术基础。

基于这些想法，我们在分工协作基础上共同完成呈现在各位朋友面前的四部专著。我主导执笔完成《商业模式创新实践的微观基础》，聚焦于企业领导班子如何驱动商业模式创新；西南政法大学韩炜教授主导执笔完成《商业模式创新实践的网络基础与理论挑战》，聚焦于组织间网络与商业模式创新的互动机制；电子科技大学周冬梅副教授主导执笔完成《商业模式创新实践的技术基础与理论挑战》，核心是技术创新驱动商业模式创新的可能机制；华中科技大学叶竹馨副教授主导执笔完成《商业模式创新实践的组织基础与理论挑战》，主要从组织结构特别是顶层设计角度讨论诱发商业模式创新的组织基础。这四本专著角度不同但又相互关联，我们希望能借此更加系统地勾勒商业模式创新的微观机制与管理挑战，更希望能结合数据库的事实分析与学术讨论，进一步发现并提出值得研究的有价值的问题，对商业模式研究特别是基于中国企业实践的相关研究起到一定的推动作用。

在书稿设计、写作和修改过程中，得到了不少朋友和同行的指导和帮助，他们建设性的意见和建议已经体现在书稿的设计中，在此一并表示感谢！书稿的出版也得益于科学出版社老师在编校、出版过程中给予的大力支持和帮助！更为重要的是，特别感谢南开大学张玉利教授、加拿大约克大学谭劲松教授、新加坡管理大学王鹤丽教授、美国圣路易斯大学汤津彤教授等资深专家在 CPSED II 数据库建设中给予我们的学术指导！

我总体设计了数据库架构并牵头组织互联网和相关服务（行业代码为 I64）与软件和信息技术服务业（行业代码为 I65）的新三板企业编码和问卷调查，西南政法大学韩炜教授牵头组织制造业（行业代码为 C1*、C2*）新三板企业的编码。特别感谢参与编码和问卷调查工作的老师和同学：云乐鑫、迟考勋、薛鸿博、何良兴、李艳妮、张咪、马文韬、李好、王心妍、于颂阳、叶詠怡、陈梦尧、高子茗、郝若馨、胡晓涵、李思琦、李一诺、梁智欣、曲帅鹏、任雅琪、孙羽杉、唐语崎、童强、万怡、王巍、王勇、王博文、王霄汉、王庄岚、温馨、肖雯轩、闫锦、张淇、张云、张媛媛、赵凯悦、赵煜豪、朱紫琪、赵伟、马文韬、常淼、胡新华、邓渝、李苑玲、戴中亮、姜筱琪、郑智文、黄小凤、喻毅、王寒、刘东梅、冯媛、彭靖、李磊、郑梦、姜娜、刘士平、刘夏青、杨瑞晗、廖书豪、黄小毅、任小敏、程荣波、张兢、崔海洲、李唐鑫、苟颖、蔡振博、蔡梓奇、程汸铌、代小云、邓静怡、杜梦强、甘振华、何泓烨、胡鸿渐、黄岩森、黄一洋、黎雨杰、李璐、李小晴、李雪珺、李垚鑫、李易燃、刘津宜、刘新宇、沈梦菲、孙聪、孙铭英、唐林、汪燎原、王伶鑫、王芮、王宇、翁树弘、向栩毅、谢菲、徐鑫、杨倩、杨星、应丹迪、游玉莹、张婷、赵莹、周科、周如林、邹朋、邹旭瑞！特别感谢陈登坤先生、戴元永先生、李源林先生、谢运展先生、张文彬先生、张炎德先生等企业家在问卷调查方面给予的大力支持和帮助！

杨 俊

浙江大学管理学院

2022 年 11 月 30 日于杭州

前　言

技术能力发展并不是企业的最终目的,企业的最终目的是在此基础上,以更好、更快、更有效的商业模式创新来创造并获取价值,并实现经济利益的持续增长。技术在通过某种具体的商业模式实现商业化之前,其经济价值仍然是潜在的。技术创新将科学技术转化为生产力,从而创造出更有竞争力的产品;商业模式创新是企业改变其价值创造和价值获取的逻辑,通过新的资源整合方式与新的业务流程为顾客提供新价值主张。所以,商业模式创新必将带动技术创新,技术创新是商业模式创新的条件。事实上,在企业实践发展中技术发展和商业模式经常相互作用,技术创新要想转换为真实的经济效益,需要在有效的竞争战略安排下,与好的商业模式配合才能实现转化。成功的商业模式创造了一种启发式逻辑,释放了技术的潜在价值,将技术潜力与经济价值的实现联系起来。

本书基于以上分析,把商业模式作为一种在技术发展和经济价值创造之间进行桥接的中介机制,即商业模式创新作为技术商业化的必要手段。在这个技术快速更迭的社会里,商业模式与技术创新对企业同样重要,新技术的商业化必须要有一个合适的商业模式进行配合,否则,技术创新无法给企业带来正向的利益。为此,本书依托 CPSED Ⅱ 数据库展开统计分析,并在统计分析基础上进行理论归纳和讨论,尝试勾勒我国新兴企业技术能力、商业模式创新与经济价值实现之间的实践关系,同时探索它们之间的微观机制。

本书主要采用 CPSED Ⅱ 数据库中隶属于互联网和相关服务(行业代码为 I64)与软件和信息技术服务业(行业代码为 I65)的 969 家新三板企业[以下简称为新三板 IT(information technology,信息技术)企业]挂牌当年年底的年度报告展开分析,因为有 14 家企业在挂牌当年年底的年度报告缺失,所以本书的分析对象主要涉及 955 家新三板 IT 企业。基于对数据的统计分析和理论讨论,本书发现以下几点。

第一,利用 955 家企业的编码数据研究发现,新三板 IT 企业的经营与绩效受到企业内外部多种因素约束。从外部因素来看,制度环境是企业生存的重要外部环境,深刻影响着企业生存与发展,地区差异进一步导致了制度环境的差异,不同行业的制度与环境存在异质性;从内部因素来看,企业产品或服务的技术导向定制化更易获取高额利润,产品或服务独特性高的企业业绩更优。

第二,高效精良的技术团队是企业将技术转化为创新的中介,通过数据分析发现，新三板IT企业技术团队特征差异是导致企业业绩差异的重要原因之一，具体而言：技术人员人数及变动情况影响企业业绩的提升时间跨度；技术团队先前工作经验情况影响企业业绩的提升坡度；技术团队知识结构影响企业对业绩的自我剖析。

第三，新三板IT企业技术成果是导致企业业绩差异的重要原因。一方面，著作权、专利等是企业重要的技术资源，不同技术资源相关程度对于长期业绩的影响呈现为增长效应。另一方面，企业获得认证情况影响企业业绩的信任效应。质量管理体系认证、行业资质、经营许可资质等能够向利益相关者传递出积极的信号，降低信息不对称性。

第四，商业模式效率维度和新颖维度创新存在着本质差异，前者意味着成本的系统性优化，而后者则意味着采用新的价值创造系统来创造价值。在研究中发现：企业效率型商业模式创新更易受制度环境和产品或服务特征的制约；企业新颖型商业模式创新更受益于企业技术能力；企业新颖型商业模式创新更利于产品创新。

基于这些发现，本书对企业技术基础与商业模式创新研究产生了重要启示：第一，本书提供了一个动态的框架，以企业技术能力为输入，将商业模式认为是技术发展和企业经营结果之间进行桥接的重要机制，建立起技术能力、商业模式创新和竞争优势之间联系的完整链条。第二，本书基于对大样本数据的统计分析，突破商业模式研究缺乏系统性和严谨性理论检验实证研究的局限，提供了更加真实客观的事实证据，这是对已有研究不足的重要补充。第三，本书关注了新三板IT企业在地域、行业及年限差异上的企业经营和业绩差异，同时分析了企业产品或服务、企业市场与客户差异及其经营和业绩影响，形成了对中国情境和中国企业实践的深入理解，有助于凝练有价值的科学问题并推动企业技术能力与商业模式创新相关研究深化发展，进一步推动新三板IT企业提升经营绩效、促进企业成长。

目 录

第1章 研究背景、关键问题与内容概要 ……………………………………… 1

    1.1 研究背景与研究问题 ……………………………………………………… 1

    1.2 文献综述与理论模型 ……………………………………………………… 3

    1.3 内容框架与理论贡献 ……………………………………………………… 6

第2章 CPSED Ⅱ数据库 ……………………………………………………………… 8

    2.1 理论模型与基本架构 ……………………………………………………… 8

    2.2 编码过程与可靠性检验 ………………………………………………… 10

    2.3 总经理调查的设计与实施 ……………………………………………… 13

    2.4 数据库的进一步拓展与丰富 …………………………………………… 20

第3章 新三板IT企业业绩变动与表现差异 …………………………………… 21

    3.1 企业业绩变动情况 ……………………………………………………… 21

    3.2 企业地域、行业及年限差异及经营和业绩影响 ……………………… 28

    3.3 企业产品或服务及其经营和业绩的影响 ……………………………… 37

    3.4 企业市场与客户差异及其经营和业绩影响 …………………………… 45

第4章 新三板IT企业技术能力对企业经营和业绩的影响 …………………… 54

    4.1 技术能力及其绩效变动影响 …………………………………………… 54

    4.2 技术人员结构及其经营和业绩影响 …………………………………… 57

    4.3 技术团队先前工作经验及其经营和业绩影响 ………………………… 62

    4.4 技术团队知识结构及其经营和业绩影响 ……………………………… 69

    4.5 企业技术资源相关度及其经营和业绩影响 …………………………… 77

4.6 企业获得认证或其他资质的情况及其经营和业绩影响……………… 82

第 5 章 新三板 IT 企业技术能力与商业模式创新表现 ……………… 91

5.1 商业模式创新表现差异分析……………………………………… 91

5.2 技术能力对商业模式创新的影响………………………………… 99

5.3 商业模式创新对产品或服务创新性的影响……………………… 107

第 6 章 主要结论、管理启示与政策建议 …………………………… 113

6.1 新三板 IT 企业的经营与绩效受到多种因素约束………………… 113

6.2 新三板 IT 企业技术团队是导致企业业绩差异的重要原因……… 116

6.3 新三板 IT 企业技术成果是导致企业业绩差异的重要原因……… 119

6.4 新三板 IT 企业商业模式创新的异质性影响……………………… 121

6.5 关于促进新三板 IT 企业实现绩效增长的对策建议……………… 123

参考文献 ……………………………………………………………………… 126

附录：基于 CPSED Ⅱ 数据库的研究成果 ……………………………… 130

第 1 章

研究背景、关键问题与内容概要

改革开放 40 多年来，我国经历了不同的创业浪潮，持续产生了一批批新的企业，它们以其强大的技术创新或商业模式创新去引领和创造经济增长。随着各种新技术的引入，我国企业持续加强其创新活动，以确保其业务绩效增长和可持续性的发展。但是，在我国蓬勃发展的新经济环境中，对于很多企业而言仅有技术创新是不够的，实现竞争优势需要将技术创新与竞争战略整合。技术创新要想转换为真实的经济效益，需要在有效的竞争战略安排下，与好的商业模式配合才能实现转化。从全球范围看，互联网和信息技术不断进步及应用普及驱动的数字化势不可挡，创造性破坏驱动的熊彼特式经济增长逐步取代要素或投资驱动的经济增长。在微观层面，越来越多学者认同在这一过程中发挥主要作用的是商业模式创新，商业模式是技术进步转化为经济与社会价值创造的中介因素（杨俊等，2020）。成功的商业模式创造了一种启发式逻辑，释放了技术的潜在价值，将技术潜力与经济价值的实现联系起来。本书聚焦于企业技术能力与商业模式创新之间的微观机制和实践动态，依托 CPSED Ⅱ 数据库展开理论和描述性统计分析，旨在勾勒我国新兴企业技术能力、商业模式创新与经济价值实现之间的实践关系，从中凝练有价值的科学问题，并启发企业家展开理性探索。

1.1 研究背景与研究问题

"事实上，在伟大的商业模式中追求的平庸技术可能比通过平庸的商业模式开发的伟大技术更有价值"（Chesbrough，2010），那么技术能力和商业模式如何相互作用？商业模式提供了一个连贯的框架，以技术特征和潜力为输入，并通过客户和市场将其转化为经济输出。因此，商业模式被认为是一种在技术发展和经济价值创造之间进行调节的机制，除非找到合适的商业模式，否则技术将不能充分发挥其价值。在通过商业模式以某种方式将技术商业化之前，技术的经济价值仍然是潜在的。在某些情况下，一项创新可以成功地采用公司已经熟悉的商业模式，而在其他时候，公司将尝试通过新的商业模式来使用该技术。但是，在大多数时候，潜在的新技术可能没有明显的商业模式，在这种情况下，企业必须找到合适的商业模式，才能从该技术中获取价值。对于新的技术，找到合适商业模式的企业可能会比最初发现该技术的企业从中获得更多的价值。

事实上，在企业实践发展中技术发展和商业模式经常相互作用。20世纪40年代，施乐公司所研发的"电子图像复印技术"配合其"计量收费"模式让施乐成功转型为服务型企业。亚马逊在1994年成立时应用了新技术，使美国西尔斯公司开创的传统邮购业务模式能够很好地适用于书籍。亚马逊没有发明新的商业模式，它应用了众所周知的商业模式结构，并在新的环境中进行了开发。相比之下，谷歌2003年开发的双边动态搜索引擎不仅是技术飞跃，也是商业模式飞跃。谷歌使用赞助商链接为广告商（两侧平台的一侧）提供一个界面，谷歌的选择直接影响了平台另一侧用户的搜索体验。优步实际上是一家典型以技术驱动的硅谷公司，其成功背后的秘密武器是强大的技术团队。在优步团队中，工程师占了一半以上，优步所要解决的核心问题就是如何利用技术手段，最有效率地满足城市用车需求，即组合最优化当中的旅行商问题。同样，字节跳动也是一家将人工智能应用于移动互联网场景的科技企业，它通过海量信息采集、深度数据挖掘和用户行为分析，为用户智能推荐个性化信息，从而开创了一种全新的新闻阅读模式。字节跳动有一个明显的特点是鼓励技术创新，包括字节跳动首创的"信息流+推荐引擎"的模式也是技术创新下的成果，从今日头条和抖音的内容推荐就可以看出来，这种创新背后，后台需要非常强大的数据算法水平，对技术的需求肯定是非常多的。所以，在多数情景下，无法隔离技术与商业模式的协同作用来讨论企业发展问题。

那些假设企业技术开发与一个或多个公司的绩效结果之间存在简单关系的人忽略了商业模式选择的影响。虽然，企业的技术储备、人才储备和知识储备都将影响企业短期和长期的绩效表现。但商业模式是将技术特征作为潜在投入，通过客户和市场将其转换为经济产出（Baden-Fuller and Haefliger, 2013），新的商业模式取代旧的商业模式往往充分利用了技术和组织创新（Shirky, 2008）。同时，企业在实现商业模式的过程中，若发现新的需求，能够促使企业进行技术上的改进和提升（Hart and Christensen, 2002；姚明明等，2014）。实际上，商业模式的选择决定了商业模式和技术的互补性，一个糟糕的选择会导致低利润，一个好的选择会导致高利润。这意味着技术会影响创建和调整商业模式的方式，如果企业绩效改进依赖于流程创新和业务模式的改变，现在则需要重新考虑技术发展与企业绩效之间的关系，因为商业模式广泛且有效地影响了这一作用过程。

同样，商业模式创新的背后往往伴随着技术创新，技术创新是将科学技术转化为生产力，从而创造出更有竞争力的产品，商业模式创新是企业改变其价值创造和价值获取的逻辑，通过新的资源整合方式与新的业务流程为顾客提供新价值主张的过程。商业模式创新本身不足以保证企业获取竞争优势，需要技术创新做前提保证，技术创新是设计一个具有竞争力且可持续的商业模式的重要影响因素（张新香，2015）。即技术创新创造了把技术推向市场的需要以及满足消费者潜在需求的机会，技术本身的特点还会影响后续的商业化模式以及对商业模式的成本有一个转变性的影响。商业模式创新是一个提出假设、在实践中检验和做出必要修正的过程，因此，一个新的商业模式总是暂时的，随着时间的推移，它很可能被另一个改进的商业模式所取代，而后者往往更充分地利用了最新的技术与组织创新优势。可是，过度强调商业模式创新，忽视技术创新，企业将时刻面临"创造性毁灭"。商业模式创新必将带动技术创新，技术创新是商业模式创新的条件。

基于以上的认识和判断，本书聚焦于"企业技术能力—商业模式创新—企业绩效结果"这一基本逻辑主线，依托 CPSED Ⅱ 数据库展开统计和理论分析，旨在回答如下三个基本问题：①新三板 IT 企业绩效变动与表现差异；②新三板 IT 企业技术能力对企业经营和业绩的影响；③新三板 IT 企业技术能力对商业模式创新的影响机制。

结合我国国情，一大批新的商业模式迅速崛起并改变着人们的生活，呈现出独特的"中国情境"：一方面，我国多样化技术体制造成了商业模式和新兴技术并存，目前来看，大多数商业模式创新都基于互联网和信息技术等新技术应用或新机会开发，但新技术和新机会本身并不能构成商业模式创新，新技术应用只是创造了一种改变企业主导逻辑的可能性，相同技术（机会）采用不同商业模式会产生不同的结果（Chesbrough，2010）。另一方面，我国特殊的区域分布、转型经济、多层次市场空间，为我国企业商业模式的创新提供了广阔的空间，不同地域、行业及年限的企业在商业模式创新实践活动中呈现出了多样化的结果，同时企业产品或服务、企业市场与客户差异也会影响企业的经营和业绩。所以，结合我国情境和企业实践凝练有价值的科学问题并推动企业技术能力与商业模式创新相关研究深化发展，以科学研究成果来引领并启发企业家理性地开展技术创新和商业模式创新。

1.2 文献综述与理论模型

在过去的研究中，学者都肯定了技术创新对绩效具有积极影响这一事实（Bierly and Chakrabarti，1996；Christensen and Bower，1996；Zaheer and Bell，2005；Evanschitzky et al.，2012；吴超鹏和唐菂，2016；李梦雅和严太华，2020），但战略学者在寻求建立技术创新和竞争优势之间的联系时，低估了商业模式选择的作用。一个典型的假设是，随着时间的推移，一个彻底改进的产品或服务将自动为创新公司带来更多的利润，但这忽略了企业商业模式选择和技术有效性匹配这一重要前提。所以在现阶段的研究中关于商业模式对绩效影响的讨论并不总是将商业模式创新的影响与技术创新的影响区分开来（Zott and Amit，2007；Casadesus-Masanell and Ricart，2010）。为了提高我们的理解，我们需要更准确地了解技术创新如何通过商业模式创新与绩效联系起来，以及技术创新如何影响商业模式的变化。

对技术与商业模式之间相互作用的研究沿着三条路线进行（Baden-Fuller and Haefliger，2013）。首先，有些研究人员将商业模式视为战略的一部分，并与技术交织在一起，即认为商业模式实现过程是将新技术融入企业以产生卓越的效果（Zott and Amit，2007；Osterwalder and Pigneur，2010）。同时，有研究人员，如 Teece（2010）、Baden-Fuller 和 Morgan（2010），认为商业模式的概念可能和技术与战略分离，并研究了商业模式和商业模式创新如何影响企业技术与战略问题。这种思路有可能解决长期存在的挑战，回答"什么时候新技术需要新的商业模式，什么时候新技术和新的商业模式的结合会带来竞争优势"。最后，后续的学者更深入地探索了技术和商业模式之间的互动，建立起双向的、复杂的联系，回答了"商业模式创新是否可能与技术创新分开"（Morgan，2012；Boons and Ludeke-Freund，2013）。

从微观上，技术与商业模式创新的互动关系可以分为以下三种类型：第一，一种新的商业模式可以采用给定的技术；第二，现有的商业模式可以采用新技术；第三，新技术可以触发新的商业模式，反之亦然（Boons and Ludeke-Freund，2013）。Hwang 和 Christensen（2008）提出破坏性创新需要适当的商业模式创新的相伴。吴晓波等（2013）从后发企业的角度探讨了二次商业模式创新与技术创新的共演模型，提出二次商业模式创新直接或通过市场结构和竞争战略影响技术创新，技术创新支撑和促进商业模式创新的演化。Baden-Fuller 和 Haefliger（2013）探索商业模式中介技术与企业绩效之间的关系，指出正确的技术开发决定了企业接纳顾客参与的商业模式创新。Tongur 和 Engwall（2014）探讨了技术与商业模式之间交叉的动态，阐述了为什么技术转变难以掌握，并提出为了管理技术转变需要技术创新与服务创新两者的复合。Ritala 和 Sainio（2014）基于芬兰市场上的跨行业调查，研究三种类型的技术合作竞争以及它们对企业创新的技术、市场和商业模式激进性的影响。刘建刚和钱玺娇（2016）探讨了"互联网+"战略下技术创新与商业模式创新的协同。戚耀元等（2016）探索了技术创新子系统与商业模式创新子系统之间的耦合关系，认为因为环境和企业自身条件等原因，各创新子系统的创新行为一般存在先后顺序，而非同时进行，提出了开放式螺旋耦合模型。姚明明等（2017）探索了后发企业在追赶过程中的技术创新战略与商业模式设计之间的协同演化机制。纪慧生和姚树香（2019）提出技术创新和商业模式创新动态演化的三种模式（简单线性模式、反馈控制模式、复杂系统模式）和三种机制（互动机制、学习机制、选择与反馈机制）。苏敬勤等（2021）基于纵向案例研究，探讨了技术嵌入对数字化商业模式创新的影响。

本书基于以上分析，把商业模式作为一种在技术发展和经济价值创造之间进行调节的中介机制，即把商业模式创新作为技术商业化的必要手段。在这个技术快速更迭的社会里，商业模式与技术创新对企业同样重要，新技术的商业化必须要有一个合适的商业模式进行配合，否则，技术创新无法给企业带来正向的利益。在个别极端的案例中，并不是技术的短板导致了失败，而是企业没有很好地开发一种能挖掘技术潜在价值的商业模式。但是现阶段的研究在一定程度上将它们之间的关系视为静态的，并没有构建起全链条的过程视角。本书旨在突破这一视角，全面动态地探索技术能力、商业模式与企业绩效结果之间的关系。基于商业模式形成的过程观，本书构建了以"企业技术能力—商业模式创新—企业绩效结果"为基本链条的理论模型，并基于此模型结合 CPSED Ⅱ 数据库展开统计和理论分析，以期洞察我国新兴企业技术发展与商业模式创新的基本态势、理论问题和管理挑战，本书的理论模型见图 1-1。

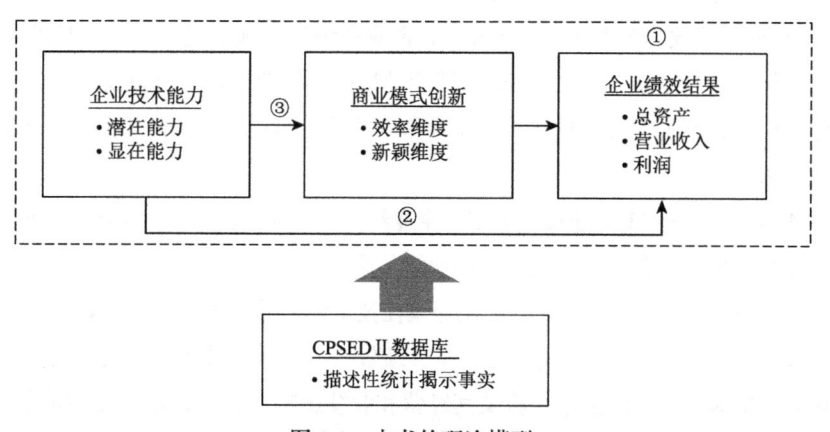

图 1-1 本书的理论模型

技术能力发展并不是企业的最终目的，企业的最终目的是在此基础上，以更好、更快、更有效的商业模式创新来创造并获取价值，并实现持续增加的经济利益。具体而言，我们认为企业技术能力包括基于技术团队的潜在能力和基于技术成果的显在能力。潜在能力是没有通过现有知识的物化或知识的交流体现出来的能力，而显在能力则是已通过物化或信息载体体现出来的能力，如生产产品的技术含量、技术水平或申请的专利、发表的论文等可反映企业技术能力的显在方面（魏江，2006）。同时，我们认为商业模式创新至少包含两个重要维度：效率维度和新颖维度（Amit and Zott, 2001; Zott and Amit, 2007）。效率维度指在整体性"成本—价值"效应结构中谋求成本最小化，即在不改变或者说不在根本上改变行业产品或服务价值逻辑的情况下，降低企业与外部利益相关者交易结构的系统性成本，通过打破行业成本结构规则来塑造优势。新颖维度指在整体性"成本—价值"效应结构中谋求价值创新或价值丰富，即通过增加新的价值活动、引入新合作伙伴或采用新方式来编排价值活动等手段，通过打破行业的价值内容规则来塑造优势（Amit and Zott, 2001；杨俊等，2020）。本书将深入探讨商业模型创新嵌入在技术能力对企业绩效结果影响关系中的作用机制，以期为未来制定研究议程。

1.3 内容框架与理论贡献

基于研究问题以及理论模型，本书后续章节的内容安排如下[①]。

第2章为CPSEDⅡ数据库，介绍了CPSEDⅡ数据库的设计、建设和拓展情况，CPSEDⅡ数据库是本书依托的数据来源，也是本书聚焦我国新兴企业特色的集中体现。系统介绍数据库，不仅是为了阐述本书的分析数据来源，也是欢迎感兴趣的同行共同开发数据库，联合开展相关研究。

第3章为新三板IT企业业绩变动与表现差异，聚焦于新三板平台是否帮助IT企业实现了绩效提升和不同类型的IT企业在绩效表现上是否具有明显的差异两个问题，深入分析了新三板IT企业业绩变动情况；企业地域、行业及年限差异及经营和业绩影响；企业产品或服务及其经营和业绩的影响；企业市场与客户差异及其经营和业绩影响。

第4章为新三板IT企业技术能力对企业经营和业绩的影响，聚焦于以下两个关键问题：是否企业技术能力越强越能促进业绩的增长？技术人员、技术团队等潜在技术能力以及企业专利、著作权、资质认证等显在技术能力等在这之中发挥着什么作用？分别从新三板挂牌IT企业的技术能力及其绩效变动影响、技术人员结构及其经营和业绩影响、技术团队先前工作经验及其经营和业绩影响、技术团队知识结构及其经营和业绩影响、企业技术资源相关度及其经营和业绩影响、企业获得认证或其他资质的情况及其经营和业绩影响六个方面展开深入分析。

第5章新三板IT企业技术能力与商业模式创新表现，聚焦于新三板不同类型IT企业在商业模式创新表现上是否存在差异，技术能力对商业模式创新有何影响，商业模式创新是否会进一步影响企业的产品创新性这一系列问题。分析了新三板IT企业商业模式的创新表现差异、新三板IT企业商业模式创新的影响因素、新三板IT企业商业模式创新对产品或服务创新性的影响。

第6章为主要结论、管理启示与政策建议。新三板IT企业的经营与绩效受到多种因素约束，包括制度环境、企业产品或服务的技术导向定制化、产品或服务独特性

---

① 感谢浙江大学杨俊教授、西南政法大学韩炜教授、华中科技大学叶竹馨副教授等对本书撰写的指导和建议，电子科技大学经济与管理学院研究生陈雪琳、张立锴、湛紫樱、朱璇玮共同参与了本书的撰写和统稿工作。

等。通过数据分析发现，新三板 IT 企业技术团队特征差异是导致企业业绩差异的重要原因之一，企业著作权和专利权的相关度影响企业业绩的增长效应，企业获得质量管理体系认证的情况会影响企业业绩的信任效应。同时，分析得到企业效率型商业模式创新更易受到制度环境和产品或服务特征的制约；企业新颖型商业模式创新更受益于企业技术能力；企业新颖型商业模式创新更利于产品创新，最后本着进一步推动新三板 IT 企业提升经营绩效、促进企业成长的目的，提出相关对策建议。

  本书的理论贡献主要体现在以下三个方面：第一，本书提供了一个动态的框架，以企业技术能力为输入，将商业模式认为是技术发展和企业经营结果之间进行调整的重要机制，建立起技术能力、商业模式创新和竞争优势之间联系的完整链条。整本书有助于改变单一强调商业模式创新或单一强调技术创新，推动未来研究进一步检验和验证诱发竞争优势的前因后果的作用机制，丰富有关新经济时代企业竞争优势深层次来源的理论认识。第二，本书利用 955 家企业的编码数据，基于对 71 000 名技术人员、4235 名技术团队成员特征、专利和著作权等技术资源以及资质认证情况的分析，形成了新三板 IT 企业业绩变动与表现差异、企业技术能力对企业经营与业绩的影响、商业模式的创新表现与影响因素以及对产品创新性影响的全面分析。基于对大样本数据的统计分析，本书提供了更加真实客观的事实证据，这是对已有研究不足的重要补充。第三，组织与环境是相互影响并相互渗透的，组织的演化不仅来源于内部技术、资源压力等，还来自外部社会规范、信念等。本书关注了新三板 IT 企业在地域、行业及年限差异上的企业经营和业绩差异，同时分析了上述企业的产品或服务、市场与客户差异及其对经营和业绩的影响。形成了对中国情境和中国企业实践的深入理解，有助于凝练有价值的科学问题并推动企业技术能力与商业模式创新相关研究深入发展，进一步推动新三板 IT 企业提升经营绩效、促进企业成长。

第 2 章

CPSED Ⅱ 数据库

CPSED Ⅱ 数据库是以 1675 家 2013～2016 年的新三板挂牌企业为研究对象、采用文本编码和问卷调查相结合的研究设计，以公开招股书为时间起点（T_0）、以年度报告为时间序列（T_n）构建的动态跟踪数据库。借用实验研究中实验组和对照组的设计思路，将 1675 家企业分成两组，一组是实验组，包括 969 家隶属于互联网和相关服务（行业代码为 I64）与软件和信息技术服务业（行业代码为 I65）的新三板挂牌企业，这是主要的研究对象也是理论构建和检验的主要情境；另一组是对照组，包括 706 家隶属于制造业（行业代码为 C1*、C2*）的新三板挂牌企业，是研究发现和结论向传统行业情境的进一步补充检验和拓展。本书主要采用 CPSED Ⅱ 数据库中 969 家新三板 IT 企业挂牌当年年底的年度报告展开分析，因为有 14 家企业挂牌当年年底的年度报告缺失，故本书共涉及 955 家新三板 IT 企业。

2.1 理论模型与基本架构

什么因素推动新创企业成长？Sandberg 和 Hofer（1987）的研究很有代表性，他们提炼了影响新创创业企业绩效（new venture performance，NVP）的基本模型：NVP = f{IS×S，IS，S}。其中，IS 为产业结构；S 为企业战略。

后续有关新创企业成长的研究基本遵循该思路，基本假设是新创企业成长取决于创业者或高管团队依据环境和产业特征制定恰当的战略选择，注重挖掘企业战略及其影响因素（创业者或高管团队）、产业结构、环境特征等对创业企业成长的影响。

互联网和信息技术等应用普及已经深刻地改变了商业环境及其竞争逻辑。首先，工业社会清晰的产业边界已经变得模糊，传统的核心资源和能力假设开始遭遇强劲挑战，跨界经营开始成为常态；其次，创造竞争制胜的必然性是战略的基本逻辑，跨界成为常态意味着难以清晰界定并分析竞争对手，价值创造已成为重点；最后，企业边界越来越模糊，更注重以合作和共赢为逻辑的价值创造系统构建。近年来，不少学者也开始意识到这一问题并指出商业模式构建及其与战略互动已成为驱动新创企业成长的重要途径,这一观点迅速得到认同并诱发大量理论探索(Zott and Amit,2007;Teece,2010;Zott et al.,2011)。基于此,我们修正并提出影响新创企业绩效的基本理论模型:NVP = f {BM,BM×S,S}。其中,BM 为商业模式;S 为企业战略。

依据这一模型,CPSED Ⅱ以新三板挂牌企业为研究对象开展数据库建设,主要关注(但不限于)以下四个问题:①如何定义并测量商业模式?②商业模式是否以及如何推动成长?③特定商业模式约束下,企业资源和能力等其他因素起到什么作用?④商业模式特别是新商业模式从何而来?

之所以选择新三板挂牌企业为主要研究对象,主要是因为:①新三板挂牌企业具有成长性,同时具有更强的波动性;②作为挂牌标准和政策规定,新三板企业的商业模式已经确立而不是在设计过程中;③新三板挂牌企业数量庞大,截至 2017 年 1 月底,总共有 10 454 家挂牌企业分布在互联网和相关服务行业、信息技术相关行业、制造业、服务业等多个行业领域,更适合开展行业分类比较研究。

我们采用实验研究中实验组和对照组的思路,从行业分类角度,选择互联网和相关服务与软件和信息技术服务业的新三板挂牌企业为主要研究对象,选择制造业的新三板挂牌企业(以下简称为新三板制造企业)为比较研究对象。软件和信息技术服务业与互联网和相关服务是重要的新兴行业,是新兴技术探索和应用最为活跃,同时又更注重商业模式创新的行业,这两个行业也得到不少商业模式相关的主流研究关注(Zott and Amit,2007)。

针对新三板 IT 企业样本,选择 2013 年 1 月 1 日至 2016 年 3 月 31 日的挂牌企业为对象展开研究。在上述时间范围内,新三板官网即"全国中小企业股份转让系统"网站发布的挂牌企业为 1146 家,进一步查阅公开招股书逐一核对其行业类型,发现有 31 家企业在公开招股书中提供的行业信息并不属于 I64 与 I65 两个行业类别,因此可用于研究的总体样本数量为 1115 家企业。在此基础上,我们随机从中选择了 10 家企业用于试验性编码,剩余的 1105 家企业进入正式编码,在正式编码过程中,因商业模式等关键信息缺失或错漏、编码人员工作失误等原因,剔除了 136 家企业样本,数据库最终包含 969 家有效企业样本。针对剔除样本和有效样本,我们以 10 项企业基本特征指标为标准对剔除样本和有效样本做了统计比较[①],发现在这些指标方面并不存在显著差异,可以基本认定剔除的 136 家企业不会对总体样本产生偏差。

针对新三板制造企业样本,以 2013 年 1 月 1 日至 2016 年 12 月 31 日挂牌并隶属

---

① 这些特征指标主要包括:挂牌时生存年限、所在地区、挂牌前一年总资产、挂牌前一年资产负债率、挂牌前一年每股净资产、挂牌前一年营业收入、挂牌前一年净利润、挂牌前一年毛利率、挂牌前一年基本每股收益、挂牌前一年净资产收益率等。除了挂牌时生存年限、所在地区,其余都是衡量企业是否具备挂牌资格的重要指标。

于制造业的新三板企业为研究对象。在上述时间范围内,"全国中小企业股份转让系统"网站发布的挂牌企业共有5582家,根据企业成立时间与挂牌时间间隔在8年以内的标准,剔除不符合这一时间要求的企业3845家,剩余1737家。本书从中随机选择了4家企业用于试验性编码,截至编码工作开展的2018年6月30日,有286家企业退市,23家企业停牌,因此将这些企业剔除,剩余1424家企业。考虑到与新三板IT企业样本的比较以及编码工作量问题,我们按照50%随机抽取712家企业进入正式编码。在正式编码过程中,因商业模式等关键信息缺失或错漏、编码人员工作失误等,剔除了6家企业样本,数据库最终包含706家有效企业样本。同理,我们对有效样本和剔除样本进行了统计检验,结果显示706家企业具有很好的代表性。CPSED Ⅱ数据库的基本架构与建设工作如图2-1所示。

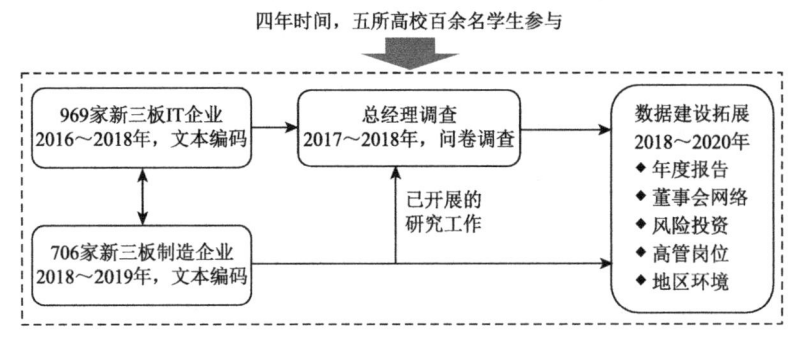

图 2-1　CPSED Ⅱ数据库的基本架构与建设工作

基于数据库设计的理论模型,以样本企业挂牌的公开招股书为时间起点(T_0)、以年度报告为时间序列(T_n)针对每家编码企业构建动态跟踪数据库。例如,企业A于2013年在新三板挂牌,以公开招股书为依据,2013年是编码时间起点,后续根据企业年度报告(2013年、2014年、2015年、2016年、2017年……)作为时间序列分别编码。在编码数据库中,总共包含1600多个变量,涉及企业基本情况、企业治理结构、企业高管特征、企业财务情况、企业主营业务与资源情况、企业商业模式特征、企业年度报告等信息。

2.2　编码过程与可靠性检验

样本企业文本编码的二手数据来源包括:公开招股书、年度报告、其他重要的公司公告以及公司网站信息等资料。这些是在"全国中小企业股份转让系统"网站公开发布的文本资料,总共涉及1675份公开招股书、4689份年度报告以及其他重要的公司公告。

我们分别针对公开招股书和年度报告设计了编码问卷并反复修正和调整，针对公开招股书的编码问卷侧重于高管团队、治理结构、资源状况、商业模式、人口统计等内容，年度报告侧重于财务绩效及其变化、高管团队变化、商业模式变化等内容。依据其客观程度，可以将编码问卷中的变量分为三类：第一类是直接提取的客观变量，即可以直接从上述文本资料中复制的数据和信息，如企业财务信息；第二类是间接提取的客观变量，即可以在上述文本资料中找到客观数据和信息，但需要依据一定标准予以判别，再转化为赋值的变量；第三类是依据文本描述的主观判定变量，即编码人员阅读文本资料并在进一步查阅补充资料的基础上，进行综合性评判打分的变量，主要涉及商业模式特征部分有关效率和新颖维度的26个题项。在此基础上，我们设计了编码手册，明确编码问卷中各项题目的填写规则与打分准则。

2016年8月，969家新三板IT企业编码工作正式启动，我们组建了由7位编码人员和1位编码组长构成的编码工作小组，7位编码人员均是战略与创业方向的年轻教师、博士研究生和硕士研究生，编码组长是创业管理方向的教授，也是项目的设计者，编码工作小组具备相关的理论和商业知识来支撑编码工作。具体而言，编码工作遵循如下流程展开：结合编码手册，编码组长对7位编码人员进行了编码培训，在培训基础上针对10家新三板企业进行试验性编码，核对编码结果和过程，并对编码过程中存在的问题进行了充分讨论，并进一步修正了编码手册，包括对容易产生歧义和误解的题项进行修订、对部分间接提取的客观变量赋值标准进行修订等。在确定编码人员充分了解编码规则之后，启动正式编码。

在正式编码过程中，编码工作划分为三阶段进行，在每一阶段开始时，编码组长随机给每位编码人员分配编码企业名单，在编码小组完成这一阶段的企业编码后，再针对主观判定变量（商业模式创新的效率和新颖维度）进行交互验证，由编码小组随机选择编码人员进行两两配对验证，特别需要指出的是，编码人员事先并不知道配对分配。同时，为了确保主观判定变量两两配对编码验证的整体信度，在每个阶段的两两配对均不相同，以"编码员1"为例，他在每个阶段的配对验证编码人员各不相同（分别为编码员3、编码员6和编码员7），同时他在事先并不知道谁是其配对验证人。

基于上述流程，我们的编码工作总共花费70天，2016年10月27日完成初始编码。在第一阶段完成了320家企业编码；第二阶段完成了352家企业编码；第三阶段完成了297家企业编码，共计969家企业。2018年3月，组织研究团队补充完成了969家新三板IT企业2016~2017年的年度报告的编码工作。

2018年7月，针对706家新三板制造企业的编码工作启动，工作流程与969家新三板IT企业的编码工作流程完全一致，组建了由1位编码组长、2位副组长、

22 名编码人员组成的编码工作组,共花费 30 天完成初始编码工作。2021 年 4 月,组织 42 名编码人员完成了 706 家新三板制造企业 2013～2020 年的年度报告编码工作。

二手数据编码的重点和难点在于数据的可靠性和准确性。基于不同的变量类型,我们采用了相应的措施来确保数据编码的可信度和可靠性。

第一,针对直接提取或间接提取的客观变量,我们采用逻辑抽检、极端值抽检和随机抽检三个步骤来逐步开展各个模块的核查、校验工作,目的是确保编码数据的可靠性和准确性。因为样本量和变量数庞大,我们总共花费了接近一年的时间进行数据核查和校验工作,总体上看,客观变量编码具有较高的可靠性和准确度。具体工作步骤是:①逻辑抽检工作,即核查数据信息是否符合基本逻辑,在编码问卷中,一些题目之间存在着逻辑验证,如股份比例之和是否等于 100%、董事会成员数量与后续董事之间是否匹配等。我们针对逻辑抽检中发现的错误信息,采用重新编码的方式予以修正。②极端值抽检,即针对题项的极大值和极小值样本进行复检,对复检企业进行重新编码和验证。以 969 家新三板 IT 企业样本为例,针对挂牌前两年的企业财务信息模块,进行上述两个步骤,总共涉及 134 家企业需要进行编码复检,占总体样本的 13.8%,其中,发现 98 家企业的信息出现了填写错误,随即进行了修正,占总体样本的 10.1%。在完成上述两个步骤之后,我们进行了随机抽检,以编码员为标准,按照 20%的比例随机抽取样本企业进行复检,一旦发现随机抽取样本的错误率[①]高于 30%,我们就对该编码员处理的企业样本进行全额复检。总体上看,仅在"企业高管信息"部分,出现了 2 位编码员的随机抽检错误率高于 30%而进行全额复检的情况。

第二,针对商业模式效率和新颖维度的主观判定变量的一致性检验,我们在编码过程中采用配对检验的方式进行,总体上看,商业模式效率和新颖维度的测量具有较好的信度和一致性。针对 969 家新三板 IT 企业样本,13 项商业模式效率维度的信度系数是 0.902,13 项商业模式新颖维度的信度系数是 0.720,26 项整体量表的信度系数是 0.883。在两两配对检验的一致性方面,13 项商业模式效率维度的信度系数是 0.772,13 项商业模式新颖维度的信度系数是 0.730,26 项整体量表的信度系数是 0.802。

针对 706 家新三板制造企业样本,13 项商业模式效率维度的信度系数是 0.855,13 项商业模式新颖维度的信度系数是 0.788,26 项整体量表的信度系数是 0.851。在两两配对检验的一致性方面,13 项商业模式效率维度的信度系数是 0.764,13 项商业模式新颖维度的信度系数是 0.749,26 项整体量表的信度系数是 0.791。

---

① 错误率的计算方法:所核查部分信息出现错误的样本/抽取样本。"出现错误的样本"指的是在所核查部分信息出现一处及以上错误的样本。

必须要指出的是，鉴于这部分主要改编自 Zott 和 Amit（2007），相关统计检验与 Zott 和 Amit（2007）报告的结果相一致：一方面，我们的整体一致性系数为 0.802，Zott 和 Amit（2007）的整体一致性系数为 0.81；另一方面，与 Zott 和 Amit（2007）的研究一样，本书编码工作三个阶段的一致性系数也呈稳步上升趋势。

2.3 总经理调查的设计与实施

2017 年底，我们面向 969 家新三板 IT 企业开展了总经理调查。从调查方法角度来看，尽管调查总体是确定的 969 家企业，但这仍是一项很有挑战性的工作。第一，969 家企业的地理分布很广，涉及全国 28 个省（区、市），并且各个省（区、市）之间的企业数量差异巨大[①]，如何设计调查方法来避免抽样误差就显得非常重要。第二，这次调查的调查对象为 969 家企业的总经理，但我们并不掌握这些总经理的任何个人联系信息，如何有效接触到被调查者并说服其参与调查，就是调查研究必须要解决的重要问题。事实上，这并非这次调查研究所面临的特殊问题。这次调查尝试克服已有调查的缺陷和不足，在调查设计方面做出大胆尝试，采用社会调查的方法论开展调查设计[②]，以期用真实来揭示客观。具体设计和思路如下所述。

第一，明确调查研究的总体。调查研究的本质是用获得的不完全样本信息去描述更加抽象的、更大的总体。样本描述总体的基本前提，就是在抽样之前尽最大的可能描述并刻画总体特征。在调查实施之前，我们登录"全国中小企业股份转让系统"网站逐一核查 969 家企业的资料，核对每家企业是否仍处于挂牌状态，总共有 104 家企业处于停牌状态[③]。尽管企业停牌的原因有多种，也有可能过一段时间会恢复挂牌，但我们没有办法去核实具体的停牌原因，因此我们统一将 104 家停牌企业剔除，剩余的 865 家企业构成调查的总体。那么，剔除停牌企业是否会带来系统性的误差呢？针对 104 家停牌样本和 865 家挂牌样本，我们以 10 项企业

---

① 969 家企业中，涉及北京、广东、上海、浙江、江苏、山东、四川、福建等 28 个省（区、市），地理分布相对零散。数量最多的北京市共涉及 268 家企业；数量较少的贵州、海南和云南省仅各有 3 家企业。北京、广东和上海的企业数量超过了 100 家，但重庆、吉林、新疆等 11 个省（区、市）的企业数量少于 10 家。

② 总经理调查主要参考的调查方法论工具书为 *Survey Methodology*。

③ "全国中小企业股份转让系统"网站会定期披露挂牌企业的公告和重要事项信息，停牌信息就是其中一项重要信息。停牌意味着企业股票停止转让或交易，从某种程度上说，停牌企业就不再是新三板挂牌企业。一般来看，新三板企业停牌可以分为主动和被动两种情况：主动情况指的是企业因自身经营变动或存在其他重大事项（如更名、经营业务变更、升级到创业板上市等）主动向系统提交申请并发布停牌公告；被动情况是企业因业绩或违规等被系统发布停牌公告。无论哪种情况，尽管都有复牌的可能性，但至少在停牌期间，可以认定企业不再是新三板挂牌企业。

基本特征指标为标准对剔除样本和有效样本做了统计比较①，发现除了总资产和净利润指标，其他指标方面并不存在着显著差异，可以基本认定剔除的104家企业不会带来系统性的误差。

第二，确定调查问卷设计。鉴于调查的难度和独特性，2017年2月至2017年9月，研究团队对设计的调查问卷进行了反复测试，以提高被调查者在调查过程中的参与度，避免被调查者因误解或不解问卷内容而产生误差。首先，我们在研究团队内部进行了第一轮的问卷测试，由项目组学术指导张玉利教授通读问卷，并对问卷中题项的表达进行了审核，确保问卷题项的达意与原量表一致；其次，邀请15位MBA（master of business administration，工商管理硕士学位）学员扮演企业总经理角色对问卷进行第二轮测试，根据学员在填写中的疑惑和反馈，进一步修正调查问卷的表述；再次，邀请从事二十余年社会调查的朋友及其团队进行问卷的第三轮测试，组织不具备管理经验的普通员工和普通访问员阅读并试填问卷，厘清问卷中存在歧义或语义混淆的地方，根据专业社会调查人士的意见，进一步修改和完善问卷表述，确保普通人能准确理解问卷题项所表达的含义；最后，邀请10位不属于调查总体的新三板挂牌企业总经理进行问卷试填，一方面针对调查数据进行信度分析，另一方面进一步获取总经理对调查问卷的反馈，进一步修正问卷。基于上述四个步骤，我们最终定稿了调查问卷。

第三，采用线下接触与线上问卷相结合的方式开展调查。基于"全国中小企业股份转让系统"网站发布的信息，我们可用于推动调查的资源包括：公司基本联络信息（包括公司注册地、办公地等）、公司现任总经理姓名、公司信息披露人②的联系信息（电子邮箱、邮寄地址、联系电话）等。最关键的是，我们并不掌握被调查公司总经理的任何个人联系信息。基于已有的资源，我们设计了"邮寄邀请函—电话接触推动—发送问卷链接"的基本调查思路：①利用公司基本联络信息，向公司总经理邮寄正式的纸质调查邀请函，如果总经理看到邀请函，愿意参加调查，可以通过扫描二维码或拨打电话方式联系到项目团队；②利用公司信息披露人的电子邮箱信息，向公司信息披露人发布正式的电子调查邀请函，这一邀请函所传达的信息非常简单明确，邀请公司信息披露人向总经理传达调查信息，并邀请和说服总经理参与调查；③利用公司信息披露人的电话信息，拨打电话努力直接接触到被调查公司总经理，说服总经

---

① 这些特征指标主要包括：挂牌时生存年限、所在地区、挂牌前一年总资产、挂牌前一年资产负债率、挂牌前一年每股净资产、挂牌前一年营业收入、挂牌前一年净利润、挂牌前一年毛利率、挂牌前一年基本每股收益、挂牌前一年净资产收益率等。除了挂牌时生存年限和所在地区，其余都是衡量企业是否具备挂牌资格的重要指标。

② 在调查之前，我们详细整理了被调查公司的联系信息以及公司信息披露人的详细信息。公司信息披露人在公司担任的职务包括董事长/总经理、副总经理、董事、董事会秘书、财务负责人与其他等。基于这些职务，我们判断，公司信息披露人在公司与总经理之间的职位以及空间距离非常近，在难以直接接触到被调查公司总经理的情况下，通过公司信息披露人有可能间接接触到被调查公司总经理。

理参与调查[①]；④在有效接触到被调查公司总经理并说服其同意参与调查的条件下，再给总经理的个人电子邮箱发送在线问卷链接，每位总经理有专属的问卷填写密码，在成功回收问卷之前，定期对总经理进行追访，尽可能地降低成功样本的流失率。调查工作的基本逻辑，见图 2-2。

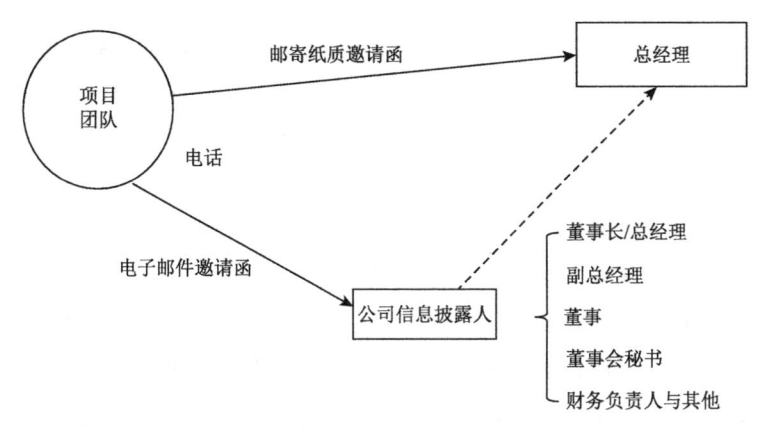

图 2-2 调查工作的基本逻辑

实线箭头表示项目团队直接联系企业人员；虚线箭头表示企业人员间接联系到总经理

第四，调查员培训与调查实施的关键要点。基于调查的基本思路，杨俊牵头组织了由 4 位学生组成的调查团队，并对调查员就调查实施的基本原则和关键要点进行了系统性培训。这些关键要点包括：①等效接触原则，在有效接触到总经理或公司信息披露人之前，每家公司至少电话接触 3 次，目的是保证调查总体中的每家企业有均等的机会参与调查。②有效反馈原则，对应调查研究中的应答率问题。对于所接触的每家被调查企业，只有在有效接触到总经理或公司信息披露人并给予明确反馈的前提下，才可以判断该企业在调查中所处的状态（成功或拒绝），若 3 次以上均未能接触到总经理或公司信息披露人，将该公司判断为失联状态。③有效追访原则，对于已经同意接受调查的被调查企业，定期追访总经理并提醒其填写问卷，降低成功样本的流失率。

第五，关于样本量和抽样问题。2017 年 11 月 1 日至 11 月 7 日，我们在 865 家被调查企业中按照系统抽样原则随机选择了 29 家企业进行了试调查，目的是检验调查设计和方案的可行性，结果表明，有 3 家企业的总经理成功接受了调查，应答率为 10.3%。基于试调查的结果，我们设定了样本量不得低于 100 份，尽可能达到 300 份

[①] 在公司年度报告中信息披露人一栏公布的电话，可以划分为以下四类：前台电话、总经理/总助电话、公司信息披露人电话、部门电话。针对总经理/总助电话，我们的策略是说服邀请总经理参与调查；针对前台电话，我们的策略是利用沟通技巧请前台转接总经理；针对公司信息披露人电话，我们的策略是邀请其帮忙联系总经理推动调查，同时争取能拿到总经理的邮箱或电话等个人联系方式。针对部门电话，我们的策略是直接放弃，因为这种电话难以转接到任何其他部门，更难以有效接触到总经理。

的调研目标,即应答率为12%~35%。关于抽样问题,这次调查是对总体的全样本调查,故不存在抽样的设计问题。

2017年11月8日至2018年1月31日,问卷调查工作全面展开,共成功接触到293家企业的总经理、总经理助理或董事会秘书(占比33.9%),其中,136家企业总经理愿意接受调查(占比46.4%),157家企业的总经理拒绝接受调查(占比53.6%)。对于剩余的572家企业(占比66.1%),我们未能成功接触到公司的总经理、总经理助理或董事会秘书。针对136家愿意接受调查的企业,成功回收101份有效问卷,有效问卷回收率为74.3%[①],共35家愿意接受调查的企业总经理因各种原因未能成功提交问卷(占比25.7%)。

我们针对每家被调查企业采用标准调查流程推进调查工作。借助调查公司将正式的纸质版邀请函邮寄给被调查公司的总经理,这封邮件在外包上标注两点重要信息,一是总经理本人亲启,二是标注南开大学,目的是提升总经理收到并阅读纸质邀请函的可能性,借助这一流程,我们判断会有被调查公司的总经理愿意接受调查,并会主动联系我们。在邮寄纸质版邀请函之后,利用南开大学教工邮箱给被调查公司在年度报告中的公司信息披露人电子邮箱发送电子版邀请函,目的是邀请公司信息披露人帮忙邀请或推动公司总经理接受问卷调查。在上述两项工作的基础上,我们拨打被调查公司在年度报告中的公司信息披露人电话,尝试通过该电话联络被调查公司的总经理或公司信息披露人,进一步邀请并说服公司总经理接受问卷调查。

为了确保总经理本人亲自填写问卷,我们在调查实施过程中采取了如下措施:①在得到总经理的私人电话、私人邮箱或私人微信确认参与调查后,我们才将调查问卷链接和填写密码通过邮件回复或微信回复的方式提供给被调查者。②在某些情况下,被调查公司总经理愿意接受调查,责成公司董事会秘书或其他高管来负责联络工作,我们会将问卷链接和填写密码发送给总经理授权联络人,并要求联络人将问卷链接和填写密码转发给总经理的同时将邮件抄送给专门用于调查联络的南开大学教工邮箱。③某些情况下,在邮件、电话或微信沟通中,被调查公司的总经理表示倾向于填写纸质版问卷,我们会在沟通中明确表示要求总经理在填写纸质版问卷后,签署确认是本人亲自填写,在收到问卷后,我们又利用电话进行回访确认。④在调查问卷中,我们要求被调查公司总经理填写名字、手机(电话)和电子邮箱等信息,利用这些信息与我们掌握的总经理手机(电话)或电子邮箱进行核对来交互验证。同时,调查团队针对被调查企业的上述关键联络信息进行了证据留存。

---

① 问卷回收率远低于乐观的预期目标,主要原因是调查的时机不适宜,调查期间恰好处于财务年尾和农历年尾,不少被调查公司的总经理都在外出差,我们多次电话联系均没有联系上,部分同意接受调查的公司总经理因过于忙碌等原因,尝试登录问卷链接填写一部分后就放弃了。

图 2-3 概括了调查工作实施的基本情况以及 101 份有效问卷的来源和渠道①。值得一提的是，865 家被调查企业年度报告中公布的公司信息披露人电话中，有 169 家企业发布的是错误电话号码，51 家企业发布的是公司部门电话，这 220 家公司我们无法通过电话途径来接触到公司总经理或董事会秘书②。这意味着，调查所可能接触到的样本总量仅为 645 家，按照这个总量进行测算，调查的成功率为 21.1%，有效问卷回收率为 15.7%。依据我们调研对象的特殊性来看，成功率和回收率已经达到了不错的水平，也在一定程度上证实了我们设计的调查方案的有效性。

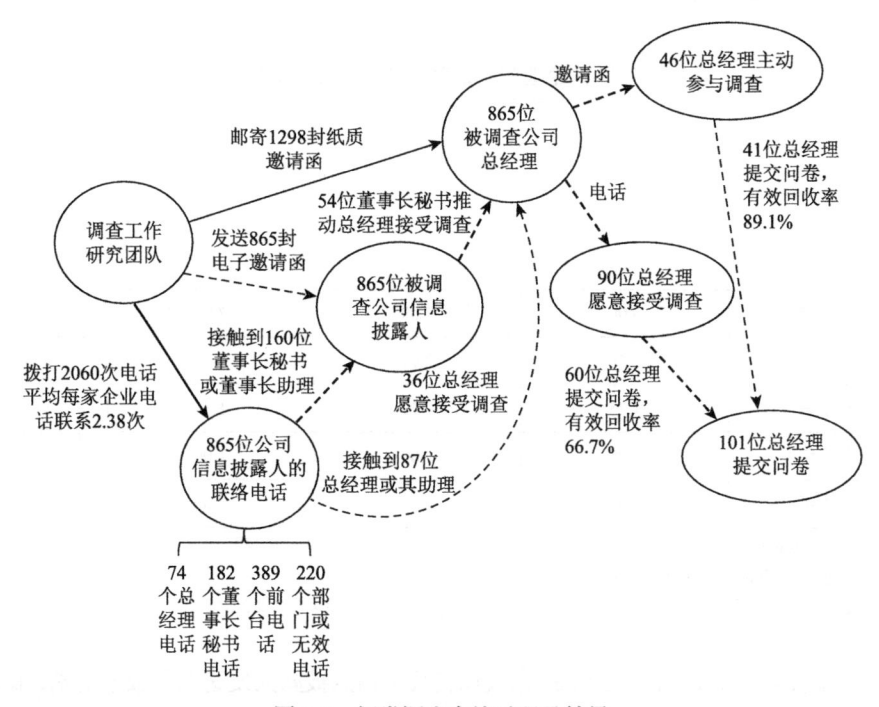

图 2-3 问卷调查实施过程及结果

实线箭头表示项目团队直接联系企业人员的路径；虚线表示直接联系后产生的间接联系及其结果（其中粗虚线表示电话联系；细虚线表示电子或纸质邀请函联系）

---

① 对主动联系和电话联系的有效样本回收率进行统计比较发现，两者之间的有效样本回收率存在着显著差异，造成这一事实的原因可能有两个：一是两者之间参与意愿的差异，主动联系的总经理看到了调查团队邮寄的纸质邀请函，具有更高的参与意愿；电话联系则是调查团队推动实施的调查，意愿相比主动联系的总经理更低。二是主动联系大约集中发生在 2017 年 11 月中旬至 12 月中旬，这段时间总经理的时间相对更加充裕，电话联系成功样本的流失率，集中发生在 2017 年 12 月底至 2018 年 1 月底，这段时间总经理非常忙碌，2018 年 1 月份的成功样本流失率最高，占到流失成功样本 85%。

② 在这里，我们表达的不可接触性是针对我们设计的调查方案而言，同时据调研团队的判断，这一调查方案是用于解决被调查企业地理分布广以及调查对象独特性两个重要问题的可行方案。尽管我们可以通过面访等途径去接触 220 家企业，但考虑到时间、成本等因素的制约，这一方案的可行性其实非常低，至少有两个原因：第一，面访很可能会被挡在公司前台；第二，即便没有被挡在前台，突兀的拜访反而会引起被调查企业总经理的反感。

调查团队自 2017 年 11 月 8 日至 11 月 30 日，先后邮寄了 865 封正式的纸质邀请函，2018 年 1 月 3 日至 1 月 7 日，我们又针对电话联系中判定的失联企业邮寄了 433 份正式的纸质邀请函，共计邮寄了 1298 份纸质邀请函。在 24 个工作日内，调查团队总共拨打 2060 次电话，平均每个工作日拨打 85.8 个电话，平均每家企业拨打电话 2.38 次电话，从不同样本状态的电话拨打数量分布来看，在剔除掉 220 家不可接触企业后，成功样本的平均拨打电话次数达到 2.98 次，失联样本的平均拨打电话次数为 2.74 次，表明调查团队在调查实施中严格执行了调查计划，每家企业原则上 3 次以上不能接触到总经理或董事会秘书，才能判断为失联样本，见表 2-1。

表 2-1　819 家企业的电话联络情况统计（单位：次）

项目	失联样本	成功样本	拒绝样本	F 值
平均值 [a]	2.74	2.98	2.15	$F = 15.933$
标准差 [a]	1.25	1.29	1.34	$p = 0.000$
最小值 [a]	1.00	1.00	1.00	$N = 599$
最大值 [a]	8.00	7.00	7.00	
平均值 [b]	2.46	2.97	2.15	$F = 12.245$
标准差 [b]	1.25	1.29	1.34	$p = 0.000$
最小值 [b]	1.00	1.00	1.00	$N = 819$
最大值 [b]	8.00	7.00	7.00	

注：865 家企业中，有 46 家企业总经理在收到邮寄的纸质邀请函后主动联络我们参与调查，所以我们通过电话联络接触总经理的被调查企业总量为 819

a 表示剔除 220 家不可接触企业后的 599 家企业的统计；b 表示 819 家企业的统计

从邮件联系上看，除了给 865 家被调查公司信息披露人发送电子版邀请函，我们还涉及将邮件作为与被调查公司总经理或公司信息披露人之间电话联络的补充渠道，用于向总经理或公司信息披露人传递电话沟通难以传递的信息。概括起来，我们总共发送 1317 封电子邮件，平均每家企业 1.52 封邮件，给被调查企业发送的最大邮件数量为 6 封。按照调查实施计划，针对成功样本，一方面要给总经理或公司信息披露人发送问卷填写链接邮件，另一方面还要通过邮件定期提醒总经理登录填写问卷，邮件发送次数自然会较高。基于调查工作记录的统计分析表明，不同状态的邮件数量存在着显著性差异（$F = 107.257$，$p = 0.000$），失联样本的邮件联络平均值是 1.35 次（标准差为 0.65），成功样本的邮件联络平均值是 2.41 次（标准差为 1.14），拒绝样本的邮件联络平均值是 1.39 次（标准差为 0.79）。这一结果从邮件联系的角度表明，调查团队严格遵照调查实施计划执行调查。

上述结果表明，调查团队在执行调查计划方面并没有出现偏差或失误，我们可以保证所有问卷均由公司总经理亲自填写，所回收的调查问卷具有较高的可信度[①]。更为重要的是，除了可信度，有效样本质量的核心在于代表性而不在于样本数量，从总体上看，101 份调查问卷具有很好的代表性。

第一，调研设计克服了因调查员能力而带来的抽样偏差。尽管在调查正式实施前，对调查员进行了系统培训，但是调查员能力存在的差异，可能会导致调查过程中接触到总经理/公司信息披露人可能性的偏差，这是导致抽样误差的最关键因素，即调查员能力导致有些可能被抽取的样本没有被成功抽取。在考虑调查员能力差异是否带来偏差之前，我们检验了不同调查员所负责的被调查企业群体的电话分布是否存在差异，因为电话属性不同显然会导致调查员所负责被调查企业可接触性的系统性偏差。统计发现，5 位调查员所负责的被调查企业的电话性质分布并不存在显著性差异，进一步检验发现，5 位调查员在接触到被调查总经理/公司信息披露人的概率分布也不存在显著性差异。这表明，调查并不存在调查员能力所引起的偏差，在一定程度上反映出调查前培训的有效性和必要性。

第二，关于 220 家不可接触被调查企业与 645 家可接触被调查企业的偏差检验。尽管在调查设计上，我们采用邮寄纸质邀请函与电话联系相结合的设计，但从理论和实际效果上看，电话联系是联络并邀请被调查企业总经理参与调查的主要手段，101 份有效问卷中，有 60 份问卷来自电话联络，占有效问卷的 59.4%。那么，就很有必要检验年度报告中发布的电话号码错误及发布部门电话导致我们不可能通过电话途径接触到总经理或公司信息披露人的 220 家被调查企业是否会带来系统性偏差。我们以 10 项企业基本特征指标为标准对 220 家和 645 家被调查企业做了统计比较，发现除了挂牌前一年每股净资产和挂牌时生存年限指标，其他指标方面并不存在显著差异，可以基本认定不可接触的 220 家企业不会给调查带来系统性的误差。

第三，关于成功接触样本和未能成功接触样本的偏差检验。按照调查实施计划，我们将被调查企业划分为成功、拒绝和失联三种结果状态，其中，成功和拒绝样本意味着我们成功接触到了被调查企业的总经理或公司信息披露人，而失联样本则意味着我们未能成功接触到被调查企业的总经理或公司信息披露人。那么，成功接触样本和未能成功接触样本之间，是否存在着系统性偏差呢？换句话说，是否是某些企业因素导致其更容易被接触，如规模，这些因素有可能给我们的调查带来抽样偏差。我们以 10 项企业基本特征指标为标准对 293 家成功接触样本和 572 家未能成功接触样

[①] 在 101 份有效问卷中，有 5 家企业的情况特殊，因公司治理方面的特殊原因，公司在公开信息中公布的总经理长期在国外或不实质参与公司管理和经营，公司的管理和经营由公司的常务副总经理负责，总经理只是名义上的公司负责人。经过反复电话沟通，我们同意这 5 家企业的问卷由负责公司管理和经营的常务副总经理填写。

本做了统计比较，发现除了挂牌前一年资产负债率指标，其他指标方面并不存在显著差异，可以基本认定未成功接触的企业样本不会给调查带来系统性的误差。

第四，关于成功样本和拒绝样本的偏差检验。我们以10项企业基本特征指标为标准对136家成功接触样本和157家拒绝样本做了统计比较，发现除了挂牌前一年资产负债率指标，其他指标方面并不存在显著差异，可以基本认定拒绝样本不会给调查带来系统性的误差。

第五，关于有效样本的代表性检验。我们进一步从有效样本的地域分布、创建年限、挂牌年限、所属行业等四个方面检验了其相对于总体的代表性。描述性分析结果综合表明，尽管从有效样本/总体样本的比例分布来看，在地域分布、创建年限、挂牌年限和所属行业等四个方面的比率分布存在着一些差异，但有效样本相对于总体的上述四项特征频次分布具有较好的相似性，即抽取到的有效样本在地域分布、创建年限、挂牌年限和所属行业等四个方面在分布上与总体样本相比较具有一致性。可以判断，抽取到的101份有效问卷能够代表总体的基本特征。

2.4 数据库的进一步拓展与丰富

跨校学术团队在联合研究中不断共同建设和丰富CPSED II数据库。在具体研究工作中，以研究问题为导向，从董事会外部网络、风险投资、高管团队岗位设置、地区环境等微观主题入手进一步建设和丰富CPSED II数据库，主要包括：西南政法大学韩炜教授牵头组织研究团队增添了董事会外部兼职数据，补充了1500多条董事外部任职信息。华中科技大学叶竹馨副教授牵头补充了969家新三板IT企业高管团队岗位设置方面的信息。暨南大学叶文平副教授将GDP（国内生产总值，gross domestic product）、市场化指数、创业环境等地区环境数据与969家新三板IT企业数据匹配起来。浙江大学沈睿研究员通过公开招股书、Wind数据库、CVSource投中数据库、私募通等渠道，收集了参与投资969家新三板IT企业的所有风险投资机构信息，截止到2018年底，366家新三板企业获得了1118笔风险投资。通过中国证券投资基金业协会、风险投资机构官网等渠道，手动检索并收集风险投资机构投资人的人口统计学特征、教育背景、工作经验、过往投资经验等信息。将风险投资数据与新三板IT企业数据相匹配，风险投资数据包括投资人、投资机构和交易记录三个层面的信息，为探讨创业者与投资人、创业团队与投资团队之间的互动提供了丰富的数据。

第 3 章

新三板 IT 企业业绩变动与表现差异

新三板平台为企业获取外部资金、实现资产增值、提升企业知名度等提供了便利通道，通过新三板平台促进绩效提升也成为 IT 企业的重要追求。那么，新三板平台是否帮助 IT 企业实现了绩效提升？新三板平台上不同类型的 IT 企业在绩效表现上是否具有明显的差异？这是我们关注的第一个问题，本章的技术路线见图 3-1。

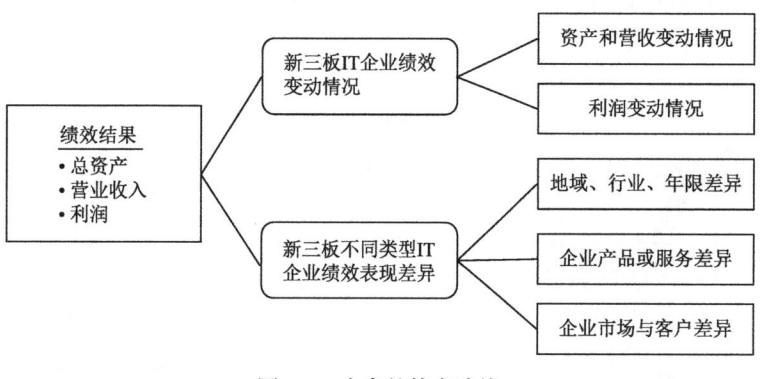

图 3-1 本章的技术路线

3.1 企业业绩变动情况

3.1.1 新三板挂牌对企业短期业绩的影响

企业为什么要在新三板挂牌？重要原因之一是获取投资者和客户的认可，主要体现在两个方面，一是获取外部金融支持，二是获取产品或服务销售收入。我们选择新三板 IT 企业在挂牌当年年底的总资产较上一年度的变动幅度来间接反映新三板平台获取外部金融支持的情况。因为挂牌当年是企业利用新三板挂牌的平台效应打通融资渠道的关键时期，挂牌后，大多数企业选择路演等多种途径争取融资，一旦获得融资，直接反映为企业总资产的大幅度增长。同时，我们选择新三板 IT 企业在挂牌当年年底的营业收入较上一年度的变动幅度来间接反映新三板平台支持获取客户认可的情况。因为新三板平台融资功能在根本上取决于挂牌企业的经验、品质和业绩，即客户的认可，营业收入的持续增长表明企业产品或服务受到客户认可的程度高。

整体而言，挂牌当年年底，955家企业总资产总量为1004.82亿元，较上一年度的690.51亿元增加了45.52%，营业收入总量为1091.57亿元，较上一年度的696.15亿元增加了56.80%，这表明整体而言新三板平台能够较好地推动IT企业获取投资者与用户认可。但进一步分析发现，955家企业之间的总资产变动幅度和营业收入变动幅度存在显著性差异，有70.16%（670家）的企业总资产和营业收入都实现了正增长，有20.42%（195家）的企业总资产和营业收入之一实现了增长，有9.42%（90家）的企业总资产和营业收入都为负增长。这一结果表明新三板平台能够促进绝大多数企业实现资产和营收增长，但针对不同的企业实现资产和营收增长存在一定差异。其中，实现双增长的企业总资产增长率的平均值为1.84，营业收入增长率的平均值为10.26；实现单增长的企业总资产增长率的平均值为0.35，营业收入增长率的平均值为0.27；未增长的企业总资产增长率的平均值为–0.22，营业收入增长率的平均值为–0.34，见图3-2。

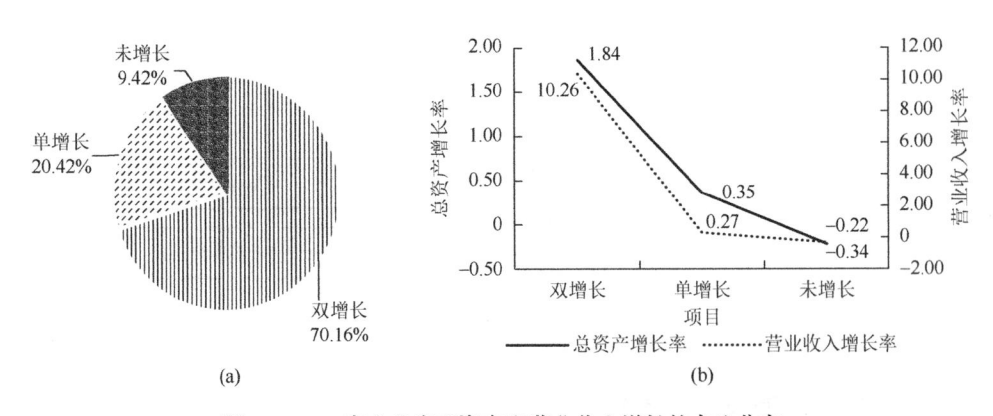

图3-2　955家企业实现资产和营业收入增长的占比分布

首先，因经济环境、政策等因素的影响，基于挂牌年份，企业资产和营收增长比例存在显著差异（卡方值为16.653，$P = 0.011$）。从2013～2016年来看，2015年是新三板平台推动企业获取投资者与用户认可效能最突出的一年，有73.1%的企业在当年实现了资产和营收的双增长，显著高于其余三年，见图3-3。2015年有576家IT领域企业在新三板挂牌，总资产增长率的平均值为1.94，营业收入增长率的平均值为11.63，就挂牌企业数量、企业总资产和营业收入增长率而言都明显高于其余三年，见表3-1。

第 3 章 新三板 IT 企业业绩变动与表现差异

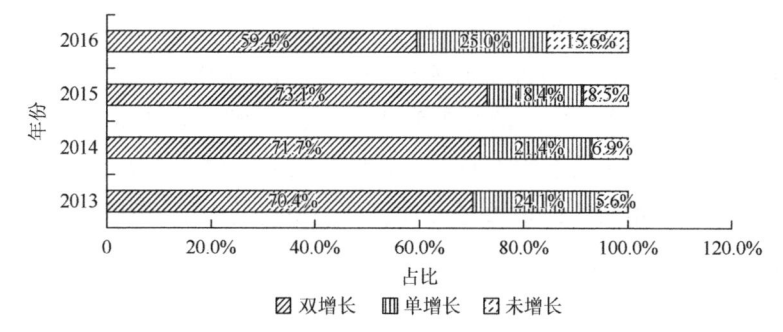

图 3-3 955 家企业资产和营收增长的挂牌年份占比分布

因修约原因，存在加总不为 100%情况

表 3-1 955 家企业挂牌当年总资产增长率、营业收入增长率随挂牌年份的变动

项目	2013 年 平均数	数量	2014 年 平均数	数量	2015 年 平均数	数量	2016 年 平均数	数量
总资产增长率	0.46	54.00	0.43	145.00	1.94	576.00	0.44	180.00
营业收入增长率	0.32		0.41		11.63		0.68	

其次，新三板平台是否助推 IT 企业获取投资者与用户认可将会影响企业净利润情况。统计结果显示，基于企业资产和营业收入是否增长分组，在企业挂牌当年年底的净利润（$F=8.995$，$P=0.000$）存在显著差异。其中，实现双增长的企业净利润均值为 883.24 万元，显著高于单增长的 275.36 万元和未增长的 -558.83 万元，见图 3-4。

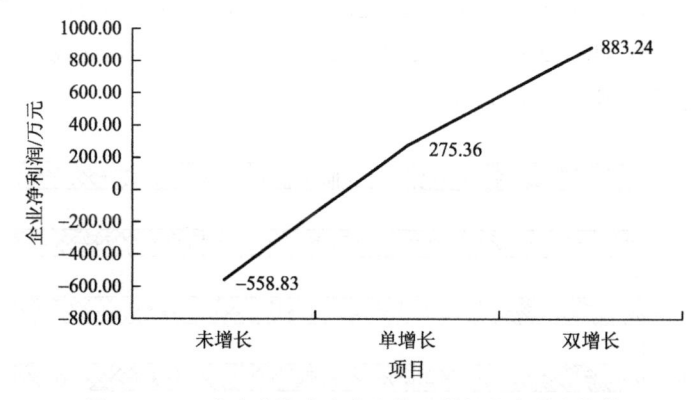

图 3-4 955 家企业资产和营业收入增长的净利润均值

最后，在 955 家企业中有 70.16%通过新三板平台实现了企业资产和营业收入的双增长，依据增长程度的差异主要有四条增长路径：总资产和营业收入双高增长（双高增长组）、总资产和营业收入双适中增长（双适中增长组）、总资产高增长和营业收入适中增长（资产增长导向组）、总资产适中增长和营业收入高增长（收入增长导向组）。跨越程度高和适中的划分以 955 家企业增长的平均值为临界点，即

总资产增长率大于 45.52%为高增长，低于 45.52%为适中增长，营业收入增长率大于 56.80%为高增长，低于 56.80%为适中增长。在 670 家实现了企业资产和营业收入双增长的企业中，有 32.2%的企业实现了总资产和营业收入双高增长，32.5%的企业实现了总资产和营业收入的双适中增长，24.6%的企业实现了总资产高增长和营业收入适中增长，10.6%的企业实现了总资产适中增长和营业收入高增长（因修约原因存在加总不为 100%情况），见图 3-5。

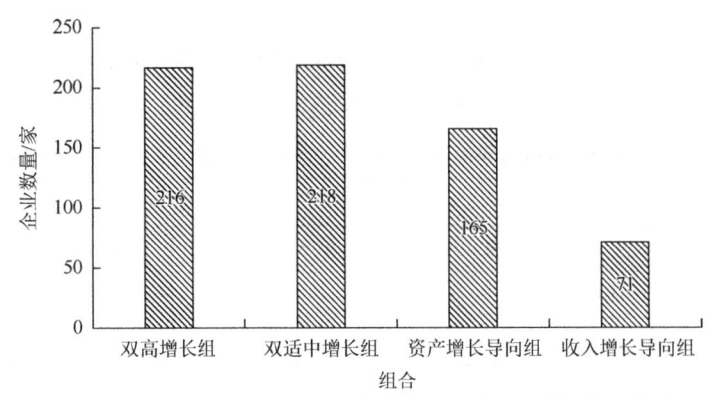

图 3-5 670 家实现企业资产和营业收入双增长的路径数量分布

第一，基于挂牌年份，企业资产和营收增长路径比例存在显著差异（卡方值为 27.510，$P = 0.001$）。在 2013～2016 年中，2015 年具有 38.0%的企业实现了总资产和营业收入双高的增长方式，显著高于 2014 年的 24.0%、2016 年的 23.4%和 2013 年的 15.8%；2015 年具有 27.8%的企业实现了总资产和营业收入双适中的增长方式，显著低于 2016 年的 36.4%、2014 年的 42.3%和 2013 年的 47.4%。由此说明，IT 企业在 2015 年受到投资者和用户认可程度最好，见图 3-6。

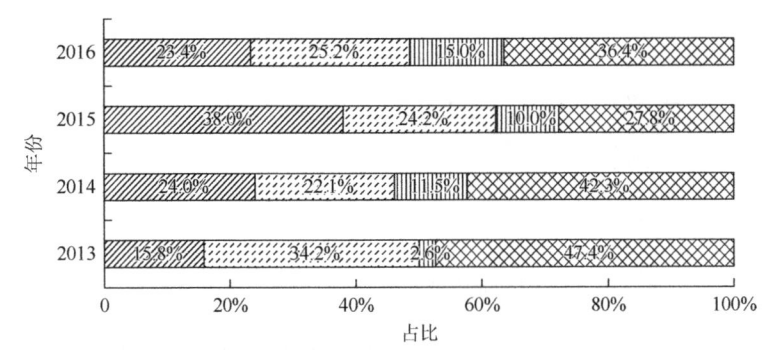

图 3-6 670 家企业资产和营业收入增长路径的挂牌年份占比分布
因修约原因，存在加总不为 100%情况

第二，基于不同行业，企业资产和营业收入增长路径比例存在显著差异（卡方值为 16.777，$P = 0.001$）。在互联网和相关服务与软件和信息技术服务业中，互联网和相关服务 45.1%的企业实现了总资产和营业收入双高的增长方式，显著高于软件和信息技术服务业的 28.7%；在互联网和相关服务，21.5%的企业实现了总资产和营业收入双适中的增长方式，显著低于软件和信息技术服务业的 35.6%。由此说明，相较于软件和信息技术服务业，互联网和相关服务中的企业能够借助新三板平台实现更高程度的投资者和用户认可，见图 3-7。

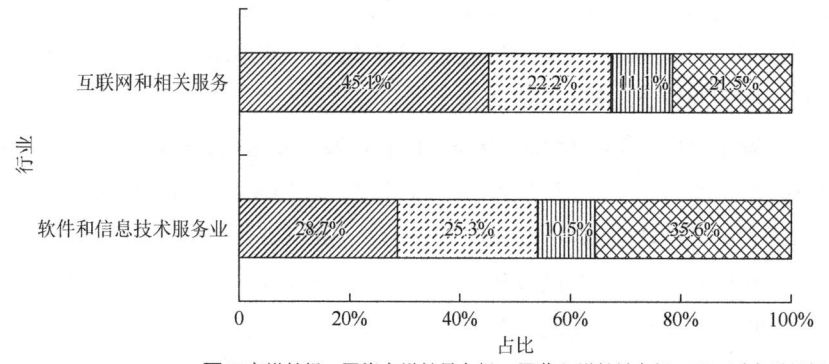

图 3-7 670家企业资产和营业收入增长路径的行业占比分布

因修约原因，存在加总不为100%情况

第三，基于不同年限，企业资产和营业收入增长路径比例存在显著差异（卡方值为 46.664，$P = 0.000$）。在低年限组（8 年以内）的企业中有 41.5%实现了总资产和营业收入双高的增长方式，显著高于高年限组（8 年及以上）企业的 23.2%；低年限组 21.2%的企业实现了总资产和营业收入双适中的增长方式，显著低于高年限组企业的 43.5%。由此说明，相较于高年限组，低年限组企业能够通过新三板平台实现更高程度的投资者和用户认可，见图 3-8。

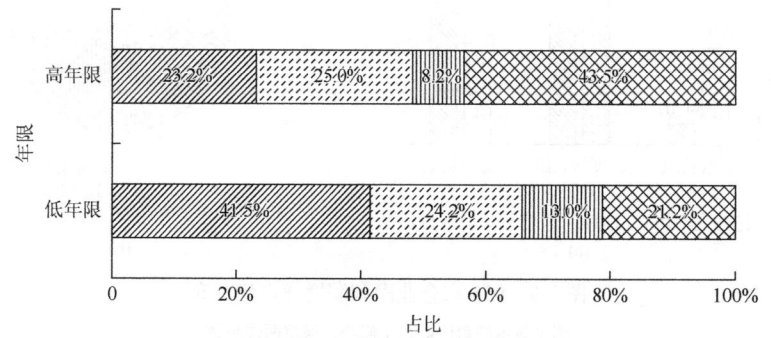

图 3-8 670家企业资产和营业收入增长路径的年限占比分布

因修约原因，存在加总不为100%情况

3.1.2 新三板挂牌对企业短期利润的影响

为什么绝大多数 IT 企业借助新三板平台实现资产和营业收入的增长？而有的

企业却无法实现增长？企业要获取投资者和用户认可根本上取决于企业的经营能力和产品（服务）品质，而利润水平和利润增长程度是投资者和用户评判企业经营能力和平台的重要指标。因此，进一步评判新三板IT企业的利润变动情况十分必要。

首先，挂牌当年年底，955家企业净利润总量为59.18亿元，较上一年度的40.66亿元增加了45.55%，表明挂牌企业净利润在整体上出现了大幅度增长。以净利润总量增长率为基准，将955家企业划分为三组：高增长组（净利润较上一年度增长率大于或等于45.55%）、适度增长组（净利润较上一年度增长率介于0~45.55%）、负增长组（净利润较上一年度出现下滑）。

在955家企业中，有45.65%（436家）的企业属于高增长，平均增幅为1047.90%；有18.12%（173家）的企业属于适度增长，平均增幅为23.45%；36.23%（346家）的企业属于负增长，平均增幅为–463.15%，见图3-9。进一步分析发现，高增长组、适度增长组、负增长组在挂牌当年的净利润均值存在显著性差异（$F=46.119$，$P=0.000$），适度增长组的净利润平均值较高增长组高出了9%，较负增长组高出了27%；同时，上述三组企业在挂牌前一年的净利润均值也存在显著性差异（$F=29.470$，$P=0.000$），适度增长组的净利润平均值较高增长组高出了12%，较负增长组高出了11%。由此，在统计上可以判断，一方面，净利润水平与净利润的增长程度呈倒"U"形关系，适度增长率的企业净利润水平最高，高增长率和负增长的净利润水平较低；另一方面，在新三板平台中，净利润负增长企业的净利润水平进一步下滑，适度增长和高增长组的净利润水平进一步提升，而且高增长组的增长幅度更大。

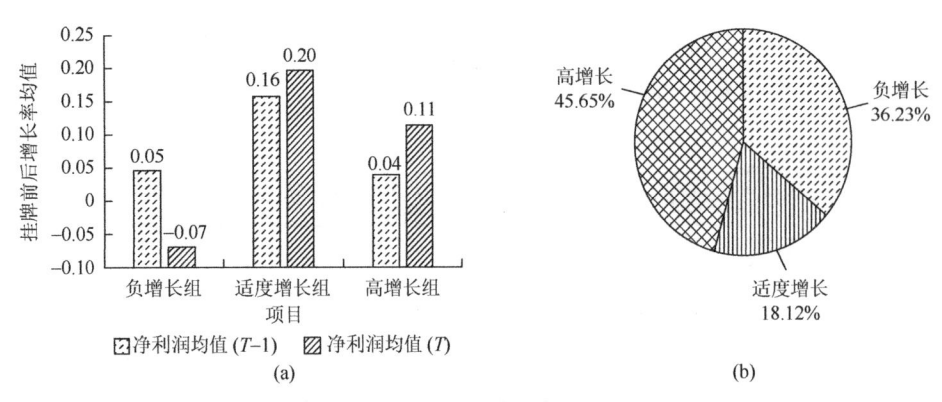

图 3-9　955家企业净利润增速占比分布

图中显示的数值进行了修约，保留两位小数

进一步分析发现，亏损企业更容易出现净利润负增长的情形，盈利企业更容易出现净利润适度增长和高增长的情形。在挂牌前亏损企业中出现净利润负增长的企业比例显著高于在盈利企业中出现负增长企业比例，而在挂牌前盈利企业中出现净利润适度增长和高增长的企业比例显著高于在亏损企业中出现适度增长和高增长的企业比例（卡方值为 34.658，$P=0.000$）。在企业挂牌前一年 159 家亏损企业中，有 52.8% 的企业出现了负增长，仅有 4.4% 的企业出现了适度增长和 42.8% 的企业出现了高增长，而在挂牌前一年 796 家盈利企业中，仅有 32.9% 的企业出现了负增长，有 20.9% 的企业出现了适度增长和 46.2% 的企业出现了高增长。这一现象在企业挂牌当年年底的盈利和亏损情况中表现得更为明显（卡方值为 299.581，$P=0.000$），在企业挂牌当年年底 209 家亏损企业中，有 87.1% 的企业的净利润是负增长，仅有 2.9% 的企业为适度增长和 10.0% 的企业为高增长，在企业挂牌当年年底 746 家盈利企业中，仅有 22.0% 的企业为负增长，有 22.4% 的企业为适度增长和 55.6% 的企业的净利润为高增长，见表 3-2。

表 3-2　955 家企业挂牌当年年底净利润变动情况

组别	亏损(T–1) 数量/家	比例	均值/亿元	盈利(T–1) 数量/家	比例	均值/亿元	亏损(T) 数量/家	比例	均值/亿元	盈利(T) 数量/家	比例	均值/亿元
负增长	84	52.8%	−0.10	262	32.9%	0.09	182	87.1%	−0.18	164	22.0%	0.06
适度增长	7	4.4%	−0.19	166	20.9%	0.17	6	2.9%	−0.14	167	22.4%	0.21
高增长	68	42.8%	−0.07	368	46.2%	0.06	21	10.0%	−0.11	415	55.6%	0.12
合计	159	100.0%	−0.09	796	100.0%	0.09	209	100.0%	−0.17	746	100.0%	0.13

同时，净利润水平与净利润增长率之间的倒"U"形关系在挂牌前一年（$F=28.505$，$P=0.000$）和挂牌当年年底（$F=20.629$，$P=0.000$）的盈利企业中表现得更为明显。在企业挂牌前一年的盈利企业中，负增长企业的净利润平均值为 0.09 亿元，适度增长企业的净利润平均值为 0.17 亿元，高增长企业的净利润平均值为 0.06 亿元；在企业挂牌当年年底的盈利企业中，负增长企业的净利润平均值为 0.06 亿元，适度增长企业的净利润平均值为 0.21 亿元，高增长企业的净利润平均值为 0.12 亿元，见图 3-10。以上统计结果表明随着盈利水平的提升，企业净利润的增速也将会放缓。

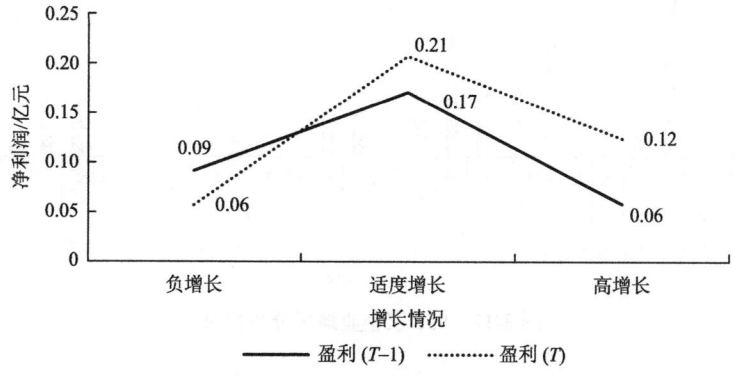

图 3-10　955 家企业挂牌前后净利润增长率均值分布

图中显示的数值进行了修约，保留两位小数

3.2 企业地域、行业及年限差异及经营和业绩影响

3.2.1 企业地域分布及其经营和业绩影响

这一部分，主要分析企业地域分布对企业业绩和经营的影响。具体而言，新三板 IT 企业分布在东北地区、京津冀地区（含山东）、长三角地区（含上海）、珠三角地区（含海南）、西部地区（含重庆）和中部地区六大区域①。其中，新三板 IT 企业主要分布在京津冀、长三角以及珠三角地区，企业数量分别为 329 家、263 家、168 家，总占比高达 79.58%，分布在中部地区、西部地区以及东北地区的企业数量分别为 89 家、77 家、29 家，仅占到 20.42%，见图 3-11。就分布省区市而言，新三板的 IT 企业主要分布在北京、广东、上海，其次为浙江、江苏、山东、四川、福建，其他省区市在新三板上市的 IT 企业数量较少，见图 3-12。

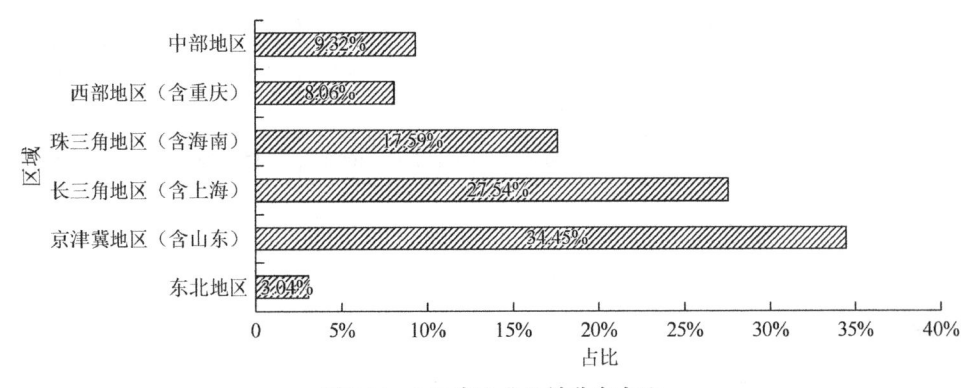

图 3-11 955 家企业地域分布占比

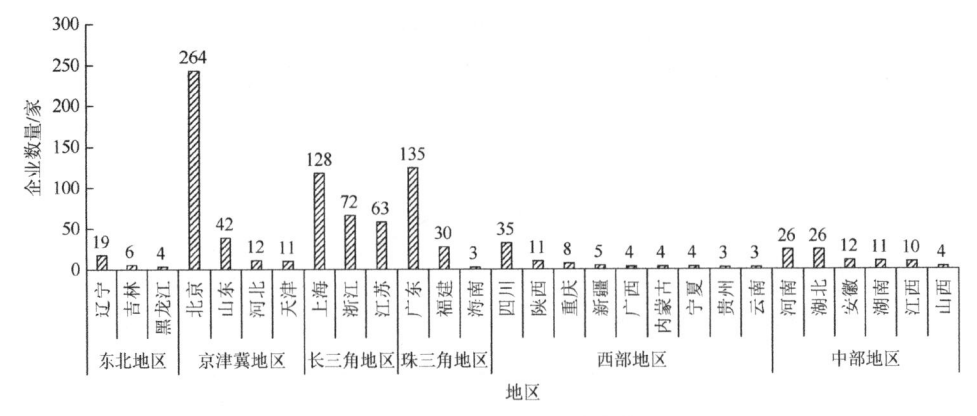

图 3-12 955 家企业地区分布数量

---

① 长三角为长江三角洲，珠三角为珠江三角洲。

首先，企业地域差异与企业挂牌当年年底的营业收入（相关系数为−0.69，$P=0.034$）负相关。这一结果表明，从东北地区到西部地区的营业收入呈现出递减的趋势。基于地域的分组，企业挂牌当年年底在总资产和净利润上并未表现出显著性的差异，但在营业收入（$F=3.593$，$P=0.003$）方面表现出显著性的差异。就盈利企业而言，除了营业收入（$F=4.585$，$P=0.000$）以外，企业挂牌当年年底在净利润（$F=2.523$，$P=0.028$）上也表现出了显著性的差异。

地域差异对企业挂牌当年年底的营业收入具有影响，东北地区、珠三角地区、长三角地区、京津冀地区、中西部地区企业挂牌当年年底营业收入平均值呈现出逐步递减的趋势。其中，东北地区的平均值为3.69，高于其他地区，显著高于中西部地区3.45的平均值，见表3-3。就盈利企业而言，珠三角地区企业在营业收入和净利润上表现更好，都高于其他区域。就营业收入而言，珠三角地区、东北地区、京津冀地区、长三角地区、中部地区、西部地区呈现出逐步递减的趋势，其中，珠三角地区的平均值为3.82，显著高于西部地区3.54的平均值。就净利润而言，珠三角地区、东北地区、长三角地区、京津冀地区、中部地区、西部地区呈现出逐步递减的趋势，其中，珠三角地区的平均值为2.87，显著高于西部地区2.60的平均值，见表3-4。

表3-3　955家企业地域与企业业绩差异

业绩指标		东北地区	京津冀地区	长三角地区	珠三角地区	西部地区	中部地区
总资产	平均数	3.81	3.72	3.73	3.76	3.63	3.60
	标准差	0.44	0.50	0.48	0.48	0.54	0.46
营业收入	平均数	3.69↑	3.62	3.64	3.67	3.45↓	3.45↓
	标准差	0.48	0.53	0.55	0.55	0.68	0.49
净利润	平均数	2.41	2.11	2.19	2.17	2.06	2.08
	标准差	1.19	1.29	1.25	1.32	1.23	1.16

注：↑/↓代表差异达到了显著性水平，↑代表高值，↓代表低值

表3-4　746家盈利企业地域与企业业绩差异

业绩指标		东北地区	京津冀地区	长三角地区	珠三角地区	西部地区	中部地区
总资产	平均数	3.85	3.78	3.79	3.86	3.71	3.68
	标准差	0.44	0.47	0.47	0.43	0.49	0.42
营业收入	平均数	3.74	3.72	3.71	3.82↑	3.54↓	3.56
	标准差	0.50	0.46	0.49	0.44	0.55	0.42
净利润	平均数	2.80	2.75	2.76	2.87↑	2.60↓	2.61
	标准差	0.73	0.65	0.63	0.53	0.71	0.56

注：↑/↓代表差异达到了显著性水平，↑代表高值，↓代表低值

但是，并没有发现地域差异导致企业产品/服务创新性、著作权数和专利数量差异的统计证据。东北地区、珠三角地区、长三角地区、京津冀地区、中部地区、西部地区在产品/服务创新性、著作权数和专利数量之间并无显著性差异，见图3-13。同时，也并未发现地域差异导致企业总资产增长率、营业收入增长率和净利润增长率差异的统计证据。珠三角地区、东北地区、长三角地区、京津冀地区、西部地区和中部地区的总资产增长率、营业收入增长率和净利润增长率并无统计学上的差异性。

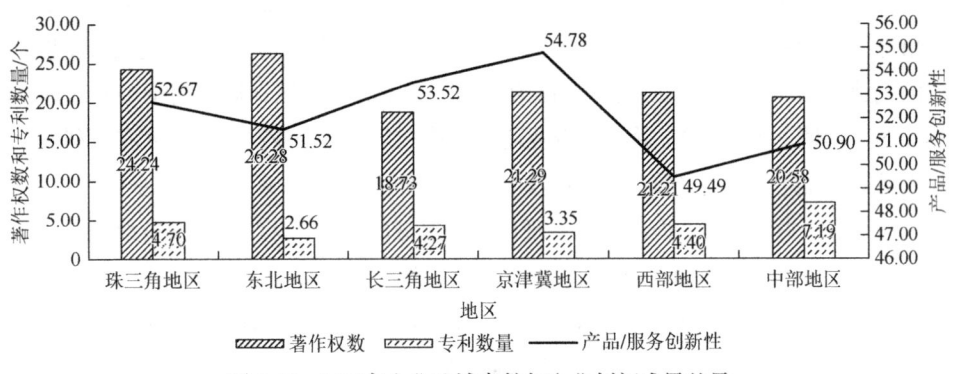

图 3-13 955 家企业地域身份与企业创新成果差异

基于以上分析，企业地域差异对 IT 等新兴技术领域企业的营业收入具有一定影响，特别是在盈利企业的营业收入和净利润上存在较大影响。可以初步形成的判断是：在 IT 等新兴技术领域，珠三角、东北、京津冀、长三角等区域的企业在营业收入和净利润上要优于中西部地区企业。可能的原因是：一是地域差异而导致的制度环境的差异，整体而言，珠三角、长三角等地区相较于中西部地区对于 IT 等新兴技术领域的企业的关注和支持力度更大，制度环境更加宽松，商业发展更加活跃；二是地域差异可能会产生一定的合法性偏见，客户和投资者可能对中西部地区的 IT 等新兴技术实力存在偏见和不信任。

3.2.2 企业行业及其经营和业绩影响

这一部分，主要分析企业行业对于企业业绩和经营的影响。具体而言，根据其招股说明书及年报，新三板 IT 企业可大致分为软件和信息技术服务业与互联网和相关服务。其中软件和信息技术服务产业有 738 个，占比 77.28%；而互联网和相关服务有 217 个，占比 22.72%，见图 3-14。

首先，总资产与企业所在行业（相关系数为 0.09，$P=0.006$）正相关。营业收入与企业所在行业（相关系数为 0.10，$P=0.002$）正相关。净利润与企业所在行业（相关系数为 -0.08，$P=0.018$）负相关。这一结果表明企业所在行业与其经营情况、业绩具有很强的关联程度。955 家企业，企业所在行业与总资产差异显著（$T=-2.57$，

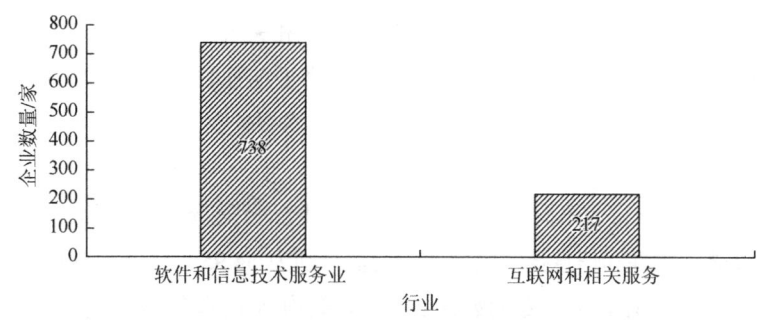

图 3-14 955 家企业行业分布数量

$P=0.010$）；企业所在行业与营业收入差异显著（$T=-3.13$，$P=0.002$）；企业所在行业与净利润差异显著（$T=4.70$，$P=0.000$）。

企业所在行业差异对企业年度业绩具有影响，软件和信息技术服务业与互联网和相关服务企业总资产平均值呈现出递增的趋势。其中，软件和信息技术服务业的平均值为 3.69，标准差为 0.47，均低于互联网和相关服务（平均值为 3.79，标准差为 0.53），见表 3-5。就盈利企业而言，互联网和相关服务在总资产、营业收入以及净利润均比软件和信息技术服务业高，平均值分别为 3.94、3.88 和 2.91，见表 3-6。就盈利企业而言（746 家企业），不同行业总资产差异显著（$T=-4.21$，$P=0.000$）；不同行业营业收入差异显著（$T=-4.81$，$P=0.000$）；不同行业净利润差异显著（$T=-3.28$，$P=0.001$）。

表 3-5 955 家企业所在行业与企业业绩差异

业绩指标		软件和信息技术服务业	互联网和相关服务
总资产	平均数	3.69↓	3.79↑
	标准差	0.47	0.53
营业收入	平均数	3.58↓	3.71↑
	标准差	0.51	0.66
净利润	平均数	2.25↑	1.80↓
	标准差	1.17	1.50

注：↑/↓代表差异达到了显著性水平，↑代表高值，↓代表低值

表 3-6 746 家盈利企业所在行业与企业业绩差异

业绩指标		软件和信息技术服务业	互联网和相关服务
总资产	平均数	3.75↓	3.94↑
	标准差	0.45	0.46
营业收入	平均数	3.67↓	3.88↑
	标准差	0.46	0.51
净利润	平均数	2.71↓	2.91↑
	标准差	0.62	0.64

注：↑/↓代表差异达到了显著性水平，↑代表高值，↓代表低值

955家企业，软件和信息技术服务业与互联网和相关服务在产品/服务创新性方面差异显著（$T=5.46$，$P=0.000$）；软件和信息技术服务业与互联网和相关服务在著作权数上差异显著（$T=2.32$，$P=0.021$）；软件和信息技术服务业与互联网和相关服务在专利数量上差异同样显著（$T=2.64$，$P=0.008$）。

955企业的所属行业不同，在产品/服务创新性、著作权数和专利数量差异上的区别也较为显著。软件和信息技术服务业（均值分别为54.95、22.25、5.03）无论在产品/服务创新性、著作权数、专利数量上的平均数均高于互联网和相关服务（均值分别为47.15、17.57、1.65），见图3-15。

955家企业所在行业与总资产增长率差异显著（$T=-3.49$，$P=0.001$）；企业所在行业与营业收入增长率差异显著（$T=-2.476$，$P=0.013$）；企业所在行业与净利润增长率差异不显著。软件和信息技术服务业总资产增长率的平均数（0.11）和营业收入增长率的平均数（0.09）低于互联网和相关服务（0.19和0.15），这说明软件和信息技术服务业在企业规模和营业收入上的增长速度是低于互联网和相关服务的。而在净利润增长率上，软件和信息技术服务业与互联网和相关服务相等，不具有统计学上的差异，见图3-16。

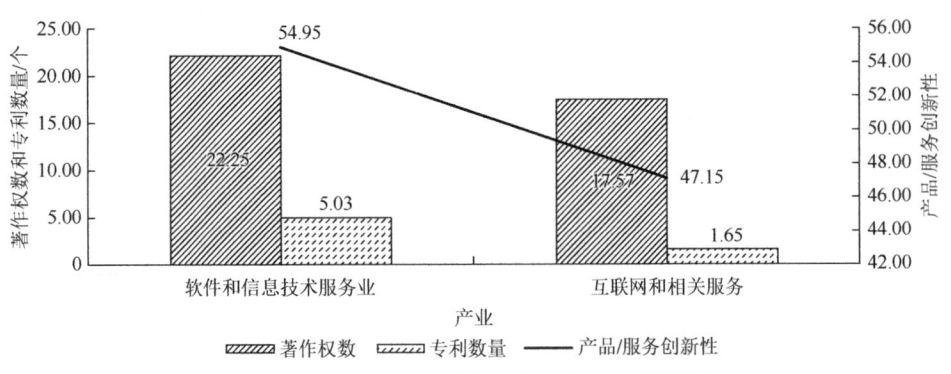

图3-15 955家企业所在行业与企业创新成果差异

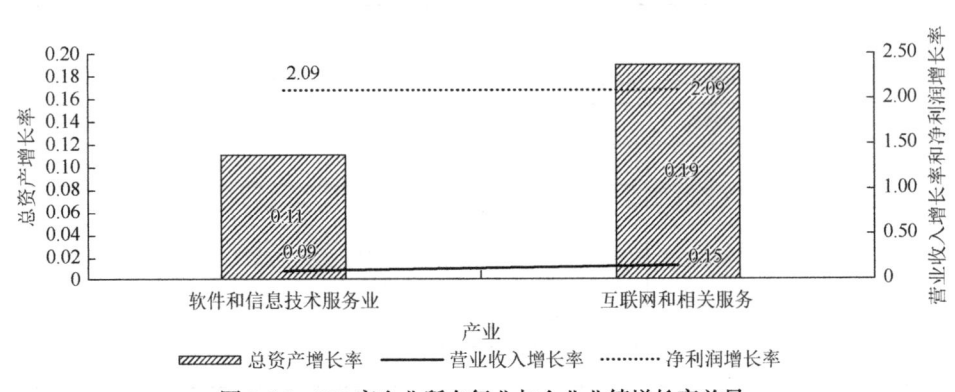

图3-16 955家企业所在行业与企业业绩增长率差异

基于以上分析，企业行业差异对上市企业的绩效有一定影响，无论是盈利企业还是所有企业，互联网和相关服务的总资产增长率、营业收入增长率均高于软件和信息技术服务业，但互联网和相关服务在产品/服务创新性、著作权数和专利数量方面远不如和信息技术服务业。出现这种情况的原因可能是：第一，互联网和相关服务已经逐渐扩大经营范围，朝着数字平台乃至数字生态系统的方向发展，而软件和信息技术服务业仍保持其纵向创新活力和激情；第二，互联网和相关服务的业务范畴具有开放性，而软件和信息技术服务业相比之下具有更强的私密性，更加需要用著作权、专利权来盈利。

3.2.3 企业年限及其经营和业绩影响

本节主要分析企业年限对于企业业绩和经营的影响。具体而言，新三板 IT 企业生存年限在 8 年以内的有 463 家，占比为 48.5%；生存年限在 8 年及以上的企业有 492 家，占比为 51.5%。生存年限为 8 年以内的企业组的平均年龄为 5.38 年，8 年及以上的企业组的平均年龄为 12.40 年，见图 3-17。

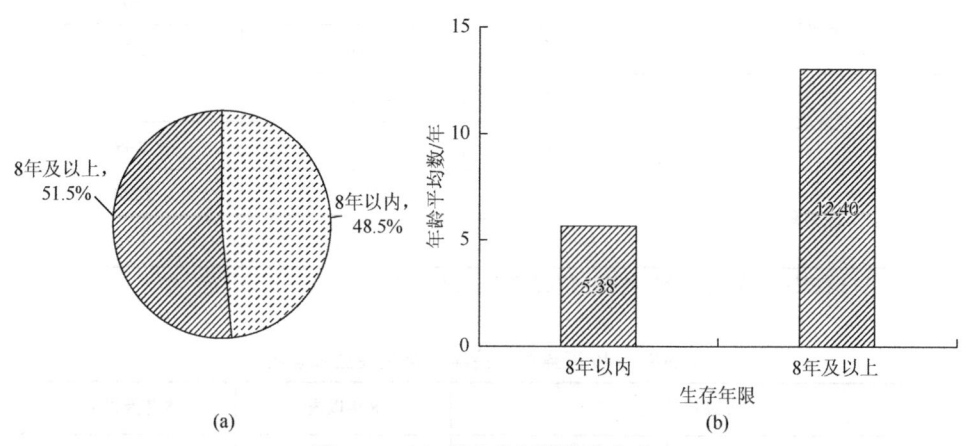

图 3-17　955 家企业年限分布占比

首先，企业生存年限差异与企业挂牌当年年底的营业收入（相关系数为 0.211，$P=0.000$）正相关，这一结果表明，随着企业生存年限递增，企业营业收入呈现出递增的趋势；企业生存年限差异与企业挂牌当年年底的总资产（相关系数为 0.211，$P=0.000$）正相关，表明随着企业生存年限递增，企业总资产呈现出递增的趋势；企业生存年限差异与企业挂牌当年年底的净利润（相关系数为 0.163，$P=0.000$）正相关，表明随着企业生存年限递增，企业净利润呈现出递增的趋势。

基于生存年限的分组，企业挂牌当年年底在总资产（$T=-6.639$，$P=0.000$）、营业收入（$T=-6.451$，$P=0.000$）、净利润（$T=-5.352$，$P=0.000$）方面表现出显著性的差异。就盈利企业而言，基于生存年限的分组，企业挂牌当年年底在总资产（$T=-5.593$，

$P=0.000$）、营业收入（$T=-5.270$，$P=0.000$）、净利润（$T=-2.551$，$P=0.011$）上表现出了显著性的差异。

企业生存年限差异对企业挂牌当年年底的总资产、营业收入、净利润具有影响，随着企业生存年限的增长，企业挂牌当年年底的总资产、营业收入、净利润的平均值呈现出逐步递增的趋势。其中，8年及以上企业的营业收入的平均值为3.72，显著高于8年以内企业营业收入3.49的平均值；8年及以上企业的总资产的平均值为3.81，显著高于8年以内企业总资产3.61的平均值；8年及以上企业的净利润的平均值为2.36，显著高于8年以内企业净利润1.92的平均值，见表3-7。就盈利企业而言，8年及以上企业在总资产、营业收入、净利润上表现更好，显著高于8年以内的企业，如8年及以上企业的营业收入的平均值为3.79，高于8年以内企业营业收入3.61的平均值，见表3-8。

表3-7　955家企业年限与企业业绩差异

业绩指标		8年以内	8年及以上
总资产	平均数	3.61↓	3.81↑
	标准差	0.49	0.47
营业收入	平均数	3.49↓	3.72↑
	标准差	0.59	0.49
净利润	平均数	1.92↓	2.36↑
	标准差	1.34	1.16

注：↑/↓代表差异达到了显著性水平，↑代表高值，↓代表低值

表3-8　746家盈利企业年限与企业业绩差异

业绩指标		8年以内	8年及以上
总资产	平均数	3.68↓	3.87↑
	标准差	0.46	0.45
营业收入	平均数	3.61↓	3.79↑
	标准差	0.49	0.45
净利润	平均数	2.68↓	2.80↑
	标准差	0.67	0.59

注：↑/↓代表差异达到了显著性水平，↑代表高值，↓代表低值

基于生存年限的分组，企业挂牌当年年底在产品/服务创新性（$T=-3.757$，$P=0.000$）、著作权数（$T=-6.956$，$P=0.000$）、专利数量（$T=-1.978$，$P=0.048$）

第3章 新三板 IT 企业业绩变动与表现差异

方面表现出显著性的差异，见图 3-18。就盈利企业而言，基于生存年限的分组，企业挂牌当年年底在产品/服务创新性（$T = -4.635, P = 0.000$）、著作权数（$T = -6.180, P = 0.000$）方面表现出了显著性的差异。

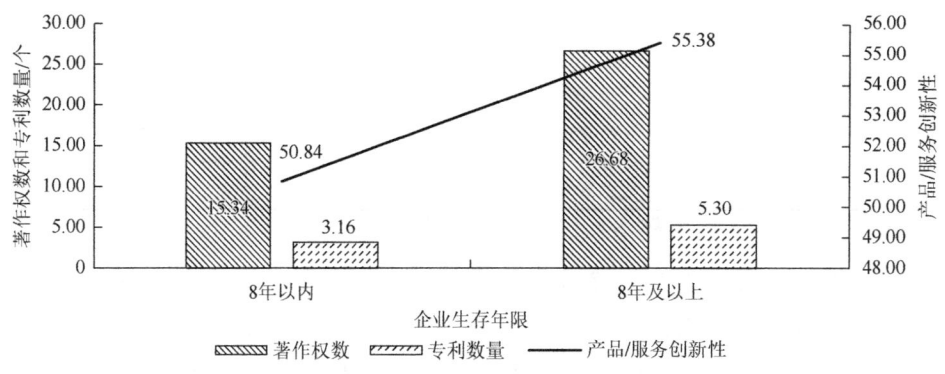

图 3-18　955 家企业生存年限与企业创新成果差异

企业生存年限差异对企业挂牌当年年底的产品/服务创新性、著作权数、专利数量具有影响，随着企业生存年限的增长，企业挂牌当年年底的产品/服务创新性、著作权数、专利数量的平均值呈现出逐步递增的趋势。其中，8 年及以上企业的产品/服务创新性的平均值为 55.38，显著高于 8 年以内企业产品/服务创新性 50.84 的平均值；8 年及以上企业的著作权数的平均值为 26.68，显著高于 8 年以内企业著作权数 15.34 的平均值；8 年及以上企业的专利数量的平均值为 5.30，显著高于 8 年以内企业专利数量 3.16 的平均值，见表 3-9。就盈利企业而言，8 年及以上企业在产品/服务创新性、著作权数上表现更好，显著高于 8 年以内的企业，如 8 年及以上企业的著作权数的平均值为 26.93，高于 8 年以内企业著作权数 15.80 的平均值，见表 3-10。

表 3-9　955 家企业年限与企业创新成果差异

业绩指标		8 年以内	8 年及以上
产品/服务创新性	平均数	50.84↓	55.38↑
	标准差	19.12	18.20
著作权数	平均数	15.34↓	26.68↑
	标准差	17.67	31.24
专利数量	平均数	3.16↓	5.30↑
	标准差	18.09	15.09

注：↑/↓代表差异达到了显著性水平，↑代表高值，↓代表低值

表 3-10　746 家盈利企业年限与企业创新成果差异

业绩指标		8 年以内	8 年及以上
产品/服务创新性	平均数	49.69↓	55.88↑
	标准差	18.36	17.93
著作权数	平均数	15.80↓	26.93↑
	标准差	16.01	31.99
专利数量	平均数	3.61	5.20
	标准差	20.96	13.14

注：↑/↓代表差异达到了显著性水平，↑代表高值，↓代表低值

基于生存年限的分组，企业挂牌当年年底在总资产增长率（$T=3.100$，$P=0.002$）、营业收入增长率（$T=3.101$，$P=0.002$）方面表现出显著性的差异，但在净利润增长率上并未表现出显著的差异，见图 3-19。就盈利企业而言，基于生存年限的分组，企业挂牌当年年底总资产增长率（$T=6.062$，$P=0.000$）、营业收入增长率（$T=3.931$，$P=0.000$）方面表现出了显著性的差异，但在净利润增长率上并未表现出显著的差异。

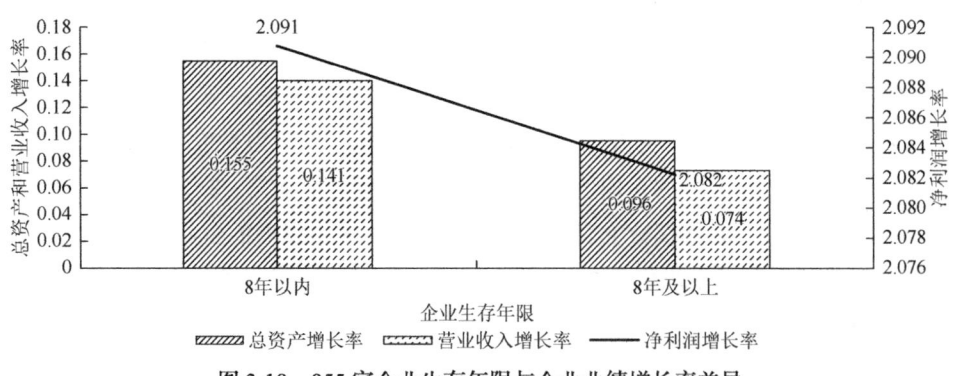

图 3-19　955 家企业生存年限与企业业绩增长率差异

企业生存年限差异对企业挂牌当年年底的总资产增长率、营业收入增长率具有影响，随着企业生存年限的增长，企业挂牌当年年底的总资产增长率和营业收入增长率呈现出逐步递减的趋势。其中，8 年以内企业的总资产增长率的平均值为 0.155，显著高于 8 年及以上企业总资产增长率 0.096 的平均值；8 年以内企业的营业收入增长率的平均值为 0.141，显著高于 8 年及以上企业营业收入增长率 0.074 的平均值。企业生存年限对于企业净利润增长率没有显著影响，见表 3-11。就盈利企业而言，8 年以内企业在总资产增长率、营业收入增长率上表现更好，显著高于 8 年及以上的企业，如 8 年以内企业的营业收入增长率的平均值为 0.17，高于 8 年及以上企业营业收入增长率 0.10 的平均值，见表 3-12。

表 3-11　955 家企业年限与企业业绩增长率差异

业绩指标		8 年以内	8 年及以上
总资产增长率	平均数	0.155↑	0.096↓
	标准差	0.36	0.21
营业收入增长率	平均数	0.141↑	0.074↓
	标准差	0.40	0.25
净利润增长率	平均数	2.091	2.082
	标准差	0.08	0.19

注：↑/↓代表差异达到了显著性水平，↑代表高值，↓代表低值

表 3-12　746 家盈利企业年限与企业业绩增长率差异

业绩指标		8 年以内	8 年及以上
总资产增长率	平均数	0.21↑	0.11↓
	标准差	0.27	0.17
营业收入增长率	平均数	0.17↑	0.10↓
	标准差	0.30	0.24
净利润增长率	平均数	2.10	2.10
	标准差	0.08	0.03

注：↑/↓代表差异达到了显著性水平，↑代表高值，↓代表低值

基于以上分析，企业年限在 IT 等新兴技术领域的角色与作用非常值得关注。可以初步形成的判断是：高年限企业的业绩水平可能会高于低年限企业的业绩水平，但低年限企业的业绩增长率高于高年限企业。可能存在的原因是：生存年限更长的企业自身拥有更加深厚的资金、技术以及行业认知、市场认知的积累，创新成果更丰富，相较于生存年限较低的企业具有更强的实力，已经形成了较为稳定的客户与市场，更易受到客户与投资者的认可；同时，开始由高速成长阶段转向稳步发展阶段，追求发展质量，增速逐渐放缓。

3.3　企业产品或服务及其经营和业绩的影响

3.3.1　产品或服务类别及其经营和业绩的影响

这一部分主要分析企业产品与服务类别对于企业业绩和经营的影响。具体而言，新三板 IT 企业中，产品类企业有 137 家，占比 14%，服务类企业有 67 家，占比 7%，两者兼有的企业有 751 家，占比 79%，见图 3-20。

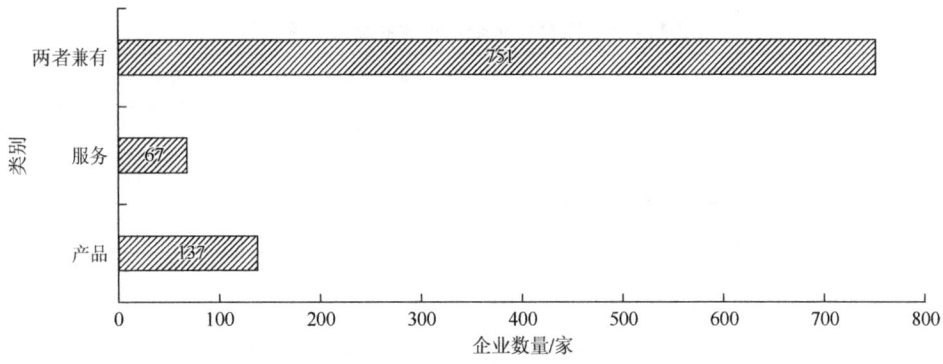

图 3-20　955 家企业产品或服务类别数量分布

企业产品或服务类别与企业挂牌当年年底的总资产、营业收入、净利润未在统计学上表现出明显的相关关系。基于企业是服务类还是产品类的分组，企业挂牌当年年底在总资产、营业收入、净利润方面未表现出统计学上的显著性差异，见图 3-21。

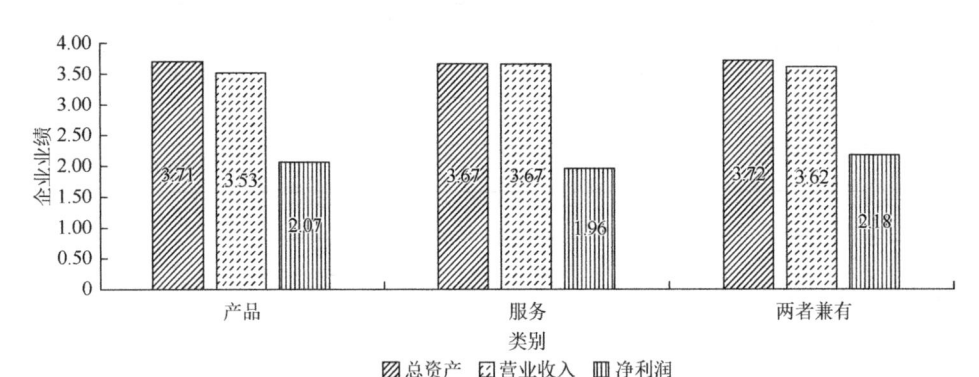

图 3-21　955 家企业产品或服务类别与企业业绩差异

基于企业产品或服务类别的分组，企业在产品/服务创新性（$F=13.634$，$P=0.000$）、著作权数（$F=2.858$，$P=0.058$）、专利数量（$F=5.903$，$P=0.003$）上表现出显著性差异，见图 3-22。

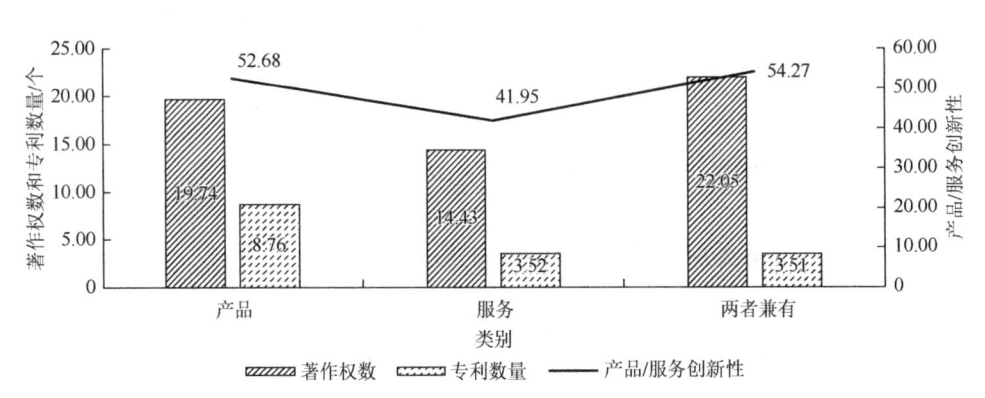

图 3-22　955 家企业产品或服务类别与企业创新成果差异

企业产品或服务类别对企业的产品/服务创新性、著作权数、专利数量具有影响。在产品/服务创新性方面，服务类企业的平均值为 41.95，远低于产品类、两者兼有企业的平均值。在著作权数方面，服务类企业的平均值为 14.43，显著低于两者兼有企业 22.05 的平均值。而在专利数量上，两者兼有企业的平均值为 3.51，远低于产品类企业 8.76 的平均值。

基于企业产品或服务类别的分组，企业挂牌当年年底在总资产增长率、营业收入增长率、净利润增长率方面未表现出统计学上的显著性差异。

通过以上分析，基于企业产品或服务类别的分组对于企业业绩不具有显著影响，但对于企业的创新成果具有影响。可以初步形成的判断是：在 IT 等新兴技术领域，产品和服务二者兼有的企业在产品/服务创新性和著作权数上表现优异，仅提供产品的企业次之，仅提供服务的企业最差，但在专利数量上，仅提供产品的企业占有绝对优势。可能的原因是：第一，产品类企业需要不断更新迭代，推出满足客户需求的新产品，产品革新更为迅速，在创新成果方面更容易显性化，如大量专利等；服务类企业在不断完善服务流程与提升服务水平、客户满意度水平的过程中，所取得的创新成果不如产品一般容易物化，这部分导致了服务类企业以专利、著作权衡量的创新成果略显逊色。第二，服务和产品兼具是绝大多数 IT 企业的选择，二者之间相辅相成更易推动产品或服务创新。

3.3.2 产品或服务的技术主导性及其经营和业绩的影响

本节主要分析企业产品或服务是否为技术主导以及具有技术导向性的产品与市场组合对于企业业绩和经营的影响。

首先，分析企业产品或服务是否为技术主导对经营和业绩的影响，该部分总共有效数据为 955 家企业。具体而言，新三板 IT 企业产品或服务是否为技术主导主要分为是和否两个类别，企业的产品或服务是技术主导的企业数量为 844 家，占比为 88.4%；企业的产品或服务不是技术主导的企业数量为 111 家，占比为 11.6%，见图 3-23。

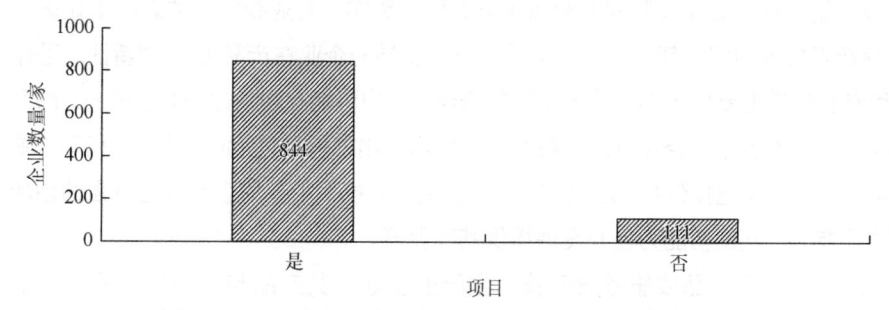

图 3-23　955 家企业产品或服务是否为技术主导数量分布

产品或服务的技术主导性是否与企业挂牌当年年底的总资产、营业收入、净利润的相关性不显著。同时，基于是否为技术主导的分组，在企业挂牌当年年底的总资产、营业收入和净利润上并无显著差异。就盈利企业而言，也并没有发现产品或服务的技术主导性差异导致企业总资产、营业收入和净利润差异的统计证据。

产品或服务是否为技术主导的分组在产品/服务创新性（$T=13.349$，$P=0.000$）、著作权数（$T=3.425$，$P=0.001$）和专利数量（$T=2.796$，$P=0.005$）存在显著差异。产品或服务是技术主导的企业，其产品/服务创新性（55.88）、著作权数（22.23）和专利数量（4.81）的平均数呈现增大趋势。换而言之，产品或服务不是技术主导性的企业，其产品/服务创新性（32.63）、著作权数（13.23）和专利数量（0.13）的平均数较低，见图3-24。

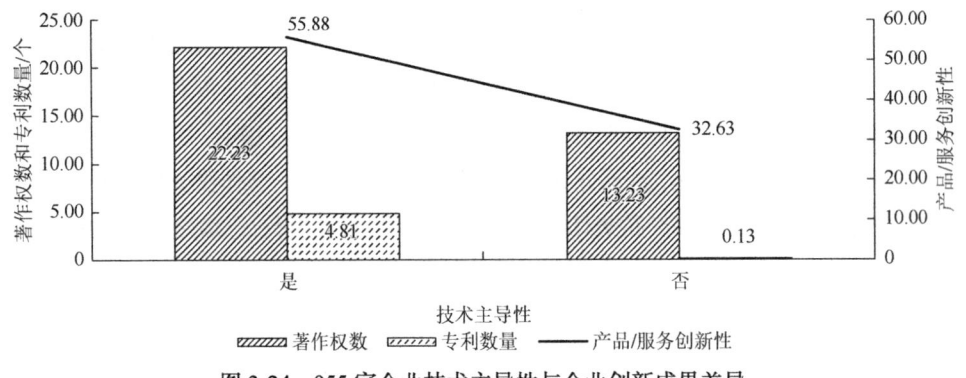

图3-24　955家企业技术主导性与企业创新成果差异

同时，并未发现产品或服务的技术主导性的差异导致企业总资产增长率、营业收入增长率和净利润增长率差异的统计证据。换言之，企业的总资产增长率、营业收入增长率和净利润增长率在产品或服务的技术主导性上并无统计学上的差异性。

基于以上分析，产品或服务的技术主导性的差异对IT等新兴技术领域企业的产品/服务创新性、著作权数和专利数量具有较大影响，对业绩方面的影响不显著。在IT等新兴技术领域，其产品或服务属于技术主导的企业在产品/服务创新性、著作权数和专利数量上要优于不是技术主导的企业。其中可能存在的原因是：第一，以产品或服务为技术主导的企业更加重视对此类技术产出的保护，因而会采用专利等措施对企业利益进行排他性保护；第二，以产品或服务为技术主导的企业具有更强的创新软硬件设施，为其创新能力提升发展提供基础保障。

进一步分析产品或服务属于技术主导的企业，其产品与市场组合关系对于企业业绩和经营的影响。本节共844家属于技术主导的企业。产品与市场的组合关系分为四种，即单一技术的多市场应用、单一技术的单市场渗透、多个技术的单市场渗透以及多个技术的多市场应用。具体而言，新三板 IT 企业单一技术的多市场应用组合的企业有 88 家，占比为 10.43%；单一技术的单市场渗透组合的企业有 87 家，占比为 10.31%；多个技术的单市场渗透组合的企业有 354 家，占比为 41.94%；多个技术的多市场应用组合的企业有 315 家，占比为 37.32%，见图 3-25。企业产品与市场组合的关系主要以多个技术的单市场渗透和多个技术的多市场应用为主。

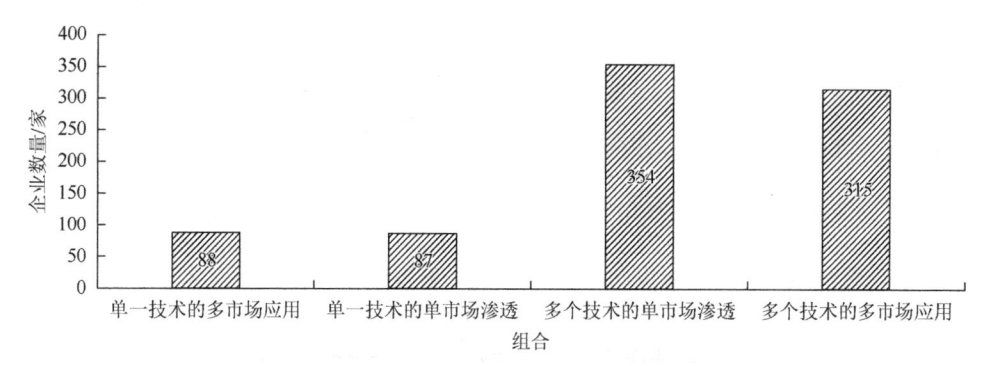

图 3-25 844 家技术主导企业产品与市场组合数量分布

首先，产品与市场组合关系与企业挂牌当年年底的总资产、营业收入、净利润的相关性不显著。但基于产品与市场组合差异分组在企业挂牌当年年底的总资产（$F=2.332$，$P=0.073$）、营业收入（$F=3.443$，$P=0.016$）和净利润（$F=3.888$，$P=0.009$）存在显著差异。单一技术的单市场渗透组合的总资产、营业收入和净利润的平均数最低（分别为 3.59、3.43 和 1.74）；多个技术的单市场渗透的总资产、营业收入和净利润的平均数最高（分别为 3.74、3.63 和 2.24），见表 3-13。就盈利企业而言，并没有发现产品与市场组合差异导致企业总资产、营业收入和净利润差异的统计证据。

表 3-13 844 家技术导向企业产品与市场组合关系与企业业绩差异

业绩指标		单一技术的多市场应用	单一技术的单市场渗透	多个技术的单市场渗透	多个技术的多市场应用
总资产	平均数	3.69	3.59↓	3.74↑	3.73
	标准差	0.41	0.46	0.50	0.48
营业收入	平均数	3.60	3.43↓	3.63↑	3.63
	标准差	0.43	0.56	0.53	0.54
净利润	平均数	2.19	1.74↓	2.24↑	2.21
	标准差	1.19	1.36	1.26	1.21

注：↑/↓代表差异达到了显著性水平，↑代表高值，↓代表低值

基于产品与市场组合关系分组，企业在产品/服务创新性（$F=4.809$，$P=0.003$）和著作权数（$F=2.795$，$P=0.039$）上表现出显著性差异。单一技术的多市场应用组合的产品/服务创新性平均数为 52.30，多个技术的单市场渗透组合的产品/服务创新性平均数为 58.33；单一技术的单市场渗透组合的著作权数平均数为 16.39，而多个技术的多市场应用的著作权数平均数为 24.80。但是，并没有发现产品与市场组合差异导致企业专利数量差异的统计证据，见图 3-26。

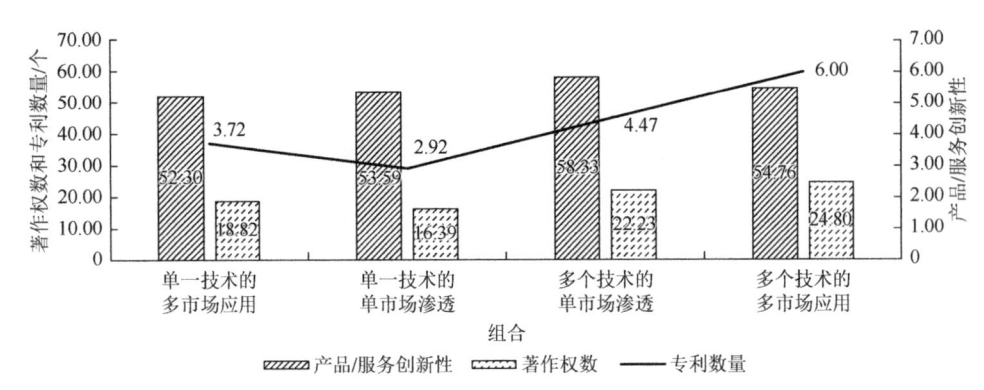

图 3-26 844 家技术主导企业产品与市场组合关系与企业创新成果差异

同时，产品与市场组合差异导致企业的总资产增长率（$F=3.745$，$P=0.011$）的差异。单一技术的多市场应用组合的总资产增长率平均数为 0.16，单一技术的单市场渗透组合的总资产增长率平均数为 0.06。但是，并未发现产品与市场组合差异导致企业营业收入增长率和净利润增长率差异的统计证据，见图 3-27。

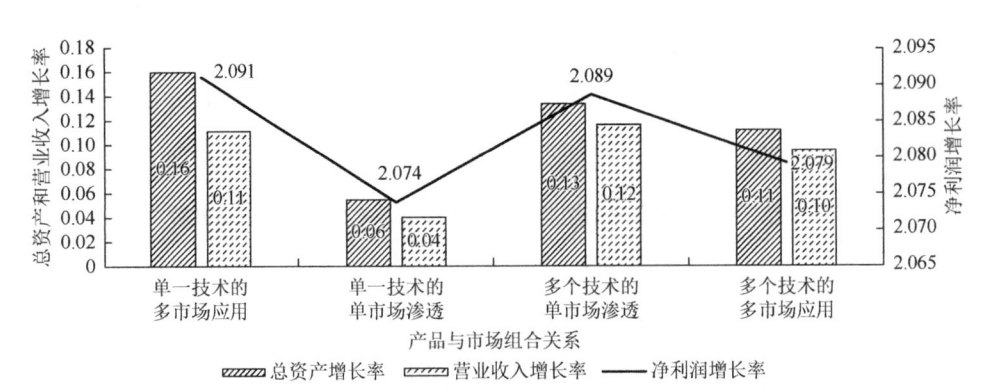

图 3-27 844 家技术主导企业产品与市场组合关系与企业业绩增长率差异

基于以上分析，产品与市场组合差异对 IT 等新兴技术领域企业的总资产、营业收入、净利润和产品/服务创新性以及著作权数具有一定影响，特别是在所有企业的总资产、营业收入和净利润上存在较大影响。在 IT 等新兴技术领域，多个技术的单市场渗透组合要优于单一技术的单市场渗透。其中可能的原因在于：有多个技术为之支撑的企业创新的先发优势和后发优势都强于单一技术的企业。多个技术能为企业拓展业务范围提供支持，以期在企业的绩效和营业收入上超越单一技术的企业。

3.3.3 产品或服务生产方式及其经营和业绩的影响

本节主要分析产品或服务生产方式对企业业绩和经营情况的影响。具体而言，依据产品或服务生产方式将955家企业划分为三类：定制化程度低、定制化程度中、定制化程度高。在955家企业中，有232家企业产品或服务生产方式定制化程度较高，占比为24.3%，有545家企业产品或服务生产方式定制化程度一般，占比为57.1%，有178家企业产品或服务生产方式具有较低的定制化程度，占比为18.6%，见图3-28。由此可见，绝大多数的企业产品或服务生产方式定制化程度一般，只能提供一定程度的定制化。

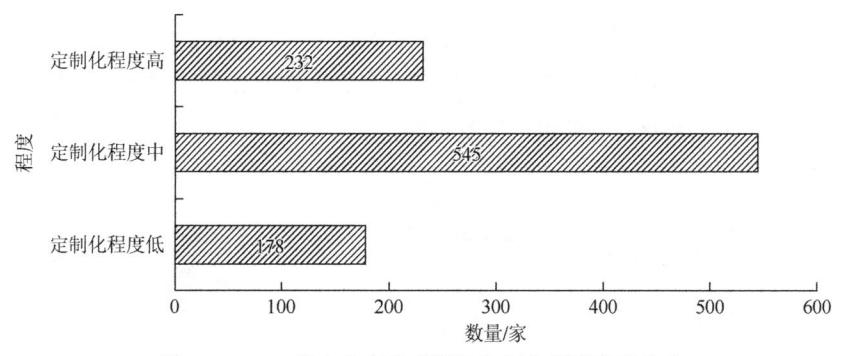

图3-28 955家企业产品或服务定制化程度数量分布

首先，企业产品或服务生产方式定制化程度与企业挂牌当年年底的净利润（相关系数为0.068，$P=0.035$）正相关。就盈利企业而言，企业产品或服务生产方式定制化程度与企业挂牌当年年底的总资产、营业收入、净利润未发现明显的相关性。基于产品或服务生产方式定制化程度的分组在净利润（$F=4.556$，$P=0.011$）上表现出显著的差异。针对盈利企业而言，基于产品或服务生产方式定制化程度的分组在总资产、营业收入、净利润上均未表现出显著的差异。

企业产品或服务生产方式定制化程度越高，企业挂牌当年年底的净利润的平均数就越高。对于挂牌当年年底的净利润而言，产品或服务生产方式定制化程度高的组平均值为2.30，高于其他两组，特别是大幅度高于产品或服务生产方式定制化程度低的1.92，见表3-14。

其次，企业产品或服务生产方式定制化程度与企业产品/服务创新性（相关系数为0.156，$P=0.000$）、著作权数（相关系数为0.093，$P=0.004$）均呈现正相关关系。基于产品或服务生产方式定制化程度的分组在产品/服务创新性（$F=21.627$，$P=0.000$）方面表现出了显著差异。

表 3-14　955 家企业产品或服务生产方式定制化程度与企业业绩差异

业绩指标		定制化程度低	定制化程度中	定制化程度高
总资产	平均数	3.75	3.70	3.71
	标准差	0.54	0.47	0.49
营业收入	平均数	3.62	3.60	3.63
	标准差	0.63	0.54	0.53
净利润	平均数	1.92↓	2.15	2.30↑
	标准差	1.38	1.27	1.15

注：↑/↓代表差异达到了显著性水平，↑代表高值，↓代表低值

企业产品或服务生产方式定制化程度越高，企业著作权数越大：产品或服务生产方式定制化程度高组的著作权数量平均值为 22.22，高于定制化程度中组的 21.76 和定制化程度低组的 18.06。企业产品或服务生产方式定制化程度中和高组的产品/服务创新性远高于定制化程度低组，见图 3-29。

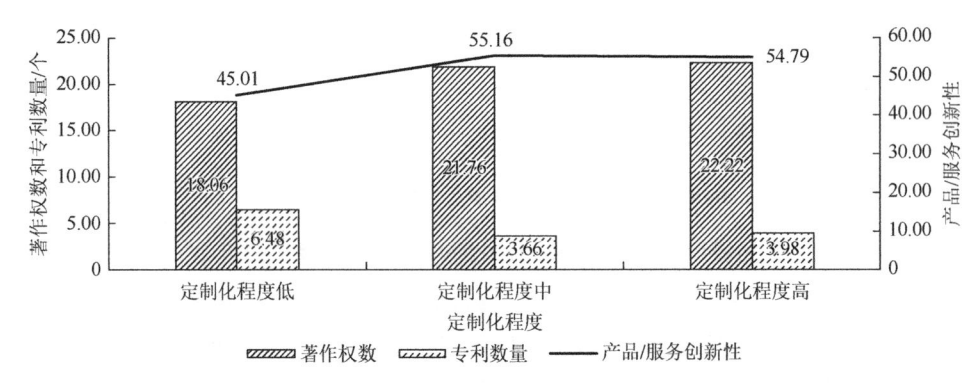

图 3-29　955 家企业产品或服务定制化程度与企业创新成果差异

最后，并没有发现企业产品或服务生产方式定制化程度差异导致企业总资产增长率、营业收入增长率、净利润增长率差异的统计数据。

基于以上分析可以形成的初步判断是：企业产品或服务生产方式定制化程度较高的企业净利润可能会高于企业产品或服务生产方式定制化程度较低的企业的净利润。可能存在的原因是：企业产品或服务生产方式定制化程度越高，企业为客户提供定制化的产品就越多，定制化的产品往往需要投入更多的精力，企业收费就会较高一些，因此带来了较高的净利润。同时，提供定制化产品有助于培养企业的创新性，企业产品或服务生产方式定制化程度较高的企业著作权数可能会高于企业产品或服务生产方式定制化程度较低的企业的著作权数。

3.4 企业市场与客户差异及其经营和业绩影响

3.4.1 企业产品或服务独特性及其经营和业绩影响

本节主要分析产品或服务独特性对于企业经营和业绩的影响。具体而言，依据产品或服务的独特性将955家企业划分为3类：独特性高、独特性中、独特性低。其中，产品或服务独特性高的企业有432家，占比达45.2%，独特性中的企业有384家，占比达40.2%，独特性低的企业有139家，占比为14.6%，见图3-30。

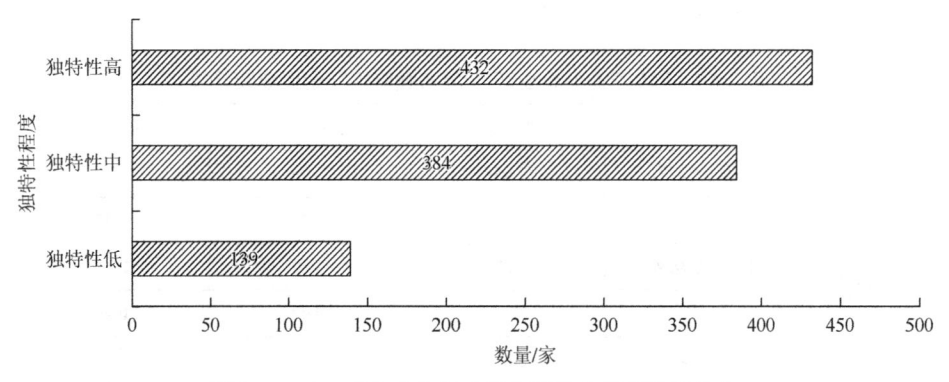

图3-30 955家企业产品或服务独特性程度数量分布

首先，产品或服务独特性与企业挂牌当年年底的总资产（相关系数为0.126，$P=0.000$）、营业收入（相关系数为0.106，$P=0.000$）、净利润（相关系数为0.068，$P=0.036$）正相关。针对盈利企业，产品或服务独特性与企业挂牌当年年底的总资产（相关系数为0.158，$P=0.000$）、营业收入（相关系数为0.137，$P=0.000$）、净利润（相关系数为0.114，$P=0.002$）正相关。基于产品或服务独特性的分组在总资产（$F=8.236$，$P=0.000$）、营业收入（$F=4.689$，$P=0.001$）方面表现出了显著的差异。针对盈利企业，基于产品或服务独特性的分组在总资产（$F=9.277$，$P=0.000$）、营业收入（$F=6.106$，$P=0.002$）、净利润（$F=2.816$，$P=0.060$）方面表现出了显著的差异。

企业产品或服务的独特性越高，企业挂牌当年年底总资产、营业收入、净利润的平均数越大。对于挂牌当年年底总资产而言，产品或服务独特性高组平均数为3.78，高于其他两组，特别是高于独特性低组的3.61；就挂牌当年年底营业收入而言，产品或服务独特性高组平均数为3.66，高于其他两组，特别是高于独特性低组的3.53，见表3-15。针对盈利企业，独特性高组不仅挂牌当年年底总资产和营业收入显著高于独特性低组和独特性中组，而且，独特性高组的净利润的平均值2.80也显著高于独特性低组的2.66，见表3-16。

表 3-15　955家企业产品/服务独特性与企业业绩差异

业绩指标		独特性低	独特性中	独特性高
总资产	平均数	3.61↓	3.68	3.78↑
	标准差	0.47	0.49	0.49
营业收入	平均数	3.53↓	3.58	3.66↑
	标准差	0.61	0.54	0.54
净利润	平均数	2.03	2.14	2.19
	标准差	1.23	1.25	1.29

注：↑/↓代表差异达到了显著性水平，↑代表高值，↓代表低值

表 3-16　746家盈利企业产品/服务独特性与企业业绩差异

业绩指标		独特性低	独特性中	独特性高
总资产	平均数	3.65↓	3.75	3.86↑
	标准差	0.41	0.45	0.47
营业收入	平均数	3.60↓	3.67	3.77↑
	标准差	0.51	0.47	0.46
净利润	平均数	2.66↓	2.72	2.80↑
	标准差	0.55	0.65	0.63

注：↑/↓代表差异达到了显著性水平，↑代表高值，↓代表低值

其次，产品或服务独特性与企业产品/服务创新性（相关系数为0.802，$P=0.000$）、著作权数（相关系数为0.344，$P=0.000$）、专利数量（相关系数为0.250，$P=0.000$）均呈正相关关系。基于产品或服务独特性的分组在产品/服务创新性（$F=1103.262$，$P=0.000$）、著作权数（$F=36.319$，$P=0.000$）、专利数量（$F=10.809$，$P=0.000$）等方面表现出显著性差异。

产品或服务独特性越高，产品/服务创新性越大：产品或服务独特性高组的平均数为67.29，独特性中组的平均数为48.86，独特性低组的平均数为21.23。产品或服务独特性越高，企业著作权数、专利数量越大：独特性高组的著作权数和专利数量分别为28.28和6.89；独特性中组的著作权数和专利数量分别为17.46和2.62；独特性低组的著作权数和专利数量分别为9.40和0.62，见图3-31。

最后，并没有发现产品或服务独特性与总资产增长率、总营业收入增长率、净利润增长率显著差异的统计学证据。

基于以上分析，企业产品或服务的独特性对企业经营和绩效而言较为重要。可以初步形成的判断是：企业产品或服务越具有独特性，企业的整体绩效将会越好。可能的原因是，在IT等新兴技术领域，企业面临着较为激烈的竞争，较高的产品或服务

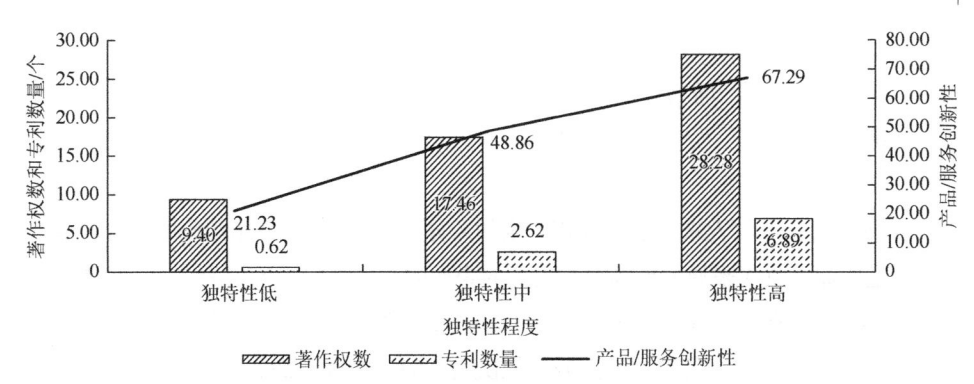

图 3-31　955 家企业产品或服务独特性程度与企业创新成果差异

独特性能更好地与竞争对手区分，并且在客户中获取难以替代的位置，形成自身核心竞争优势。

3.4.2　企业主营业务收入来源的市场相关度及其经营和业绩影响

本节主要分析企业主营业务收入来源的市场相关度对企业业绩和经营的影响。企业主营业务收入来源的市场相关度可以划分为低、中、高三组。具体而言，主营业务收入来源的市场相关度高的企业有 635 家，占比为 66.5%，主营业务收入来源的市场相关度等级为中的企业有 207 家，占比为 21.7%，主营业务收入来源的市场相关度低的企业有 113 家，占比为 11.8%，见图 3-32。

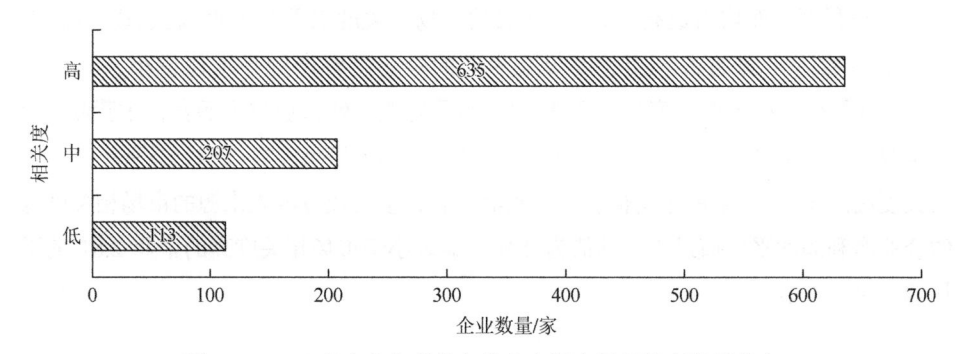

图 3-32　955 家企业主营业务收入来源市场相关度数量分布

首先，企业主营业务收入来源的市场相关度差异与企业挂牌当年年底的总资产（相关系数为 0.073，$P = 0.024$）正相关，这一结果表明，随着企业主营业务收入来源的市场相关度的增强，企业总资产呈现出递增的趋势；企业主营业务收入来源的市场相关度差异与企业挂牌当年年底的净利润（相关系数为 0.083，$P = 0.010$）正相关，这一结果表明，随着企业主营业务收入来源的市场相关度的增强，企业净利润呈现出递增的趋势。

基于企业主营业务收入来源的市场相关度的分组，企业挂牌当年年底在总资产

（$F=3.252$，$P=0.039$）上表现出显著性的差异。但是就盈利企业而言，基于企业主营业务收入来源的市场相关度的分组，企业挂牌当年年底在总资产（$F=5.002$，$P=0.007$）、营业收入（$F=3.140$，$P=0.044$）、净利润（$F=8.250$，$P=0.000$）方面表现出显著性的差异。

企业主营业务收入来源的市场相关度的差异，对企业挂牌当年年底的总资产具有影响，主营业务收入来源的市场相关度高的企业的总资产的平均值为 3.74，显著高于其他两组企业。在净利润上，随着主营业务收入来源的市场相关度水平的提高，企业挂牌当年年底的净利润的平均值上升，依次为 1.98、2.08、2.20，见表 3-17。

表 3-17　955 家企业主营业务收入来源的市场相关度与企业业绩差异

业绩指标		低	中	高
总资产	平均数	3.66↓	3.66↓	3.74↑
	标准差	0.48	0.47	0.49
营业收入	平均数	3.57	3.57	3.63
	标准差	0.55	0.56	0.55
净利润	平均数	1.98	2.08	2.20
	标准差	1.27	1.21	1.28

注：↑/↓代表差异达到了显著性水平，↑代表高值，↓代表低值

就盈利企业而言，企业主营业务收入来源的市场相关度高的企业在总资产、营业收入和净利润方面均为最高，显著高于其他市场相关度水平的企业。就总资产而言，主营业务收入来源的市场相关度等级为中的企业总资产的平均值最小，其值为 3.70，显著小于市场相关度高的企业 3.82 的平均值。就营业收入而言，主营业务收入来源的市场相关度等级为中的企业营业收入的平均值最小，为 3.64，显著小于市场相关度高的企业 3.74 的平均值。就净利润而言，主营业务收入来源的市场相关度低的企业净利润的平均值最小，其值为 2.60，显著小于市场相关度高的企业 2.81 的平均值，见表 3-18。

表 3-18　746 家盈利企业主营业务收入来源的市场相关度与企业业绩差异

业绩指标		低	中	高
总资产	平均数	3.73	3.70↓	3.82↑
	标准差	0.44	0.44	0.47
营业收入	平均数	3.67	3.64↓	3.74↑
	标准差	0.47	0.48	0.48
净利润	平均数	2.60↓	2.63	2.81↑
	标准差	0.70	0.65	0.60

注：↑/↓代表差异达到了显著性水平，↑代表高值，↓代表低值

基于企业主营业务收入来源的市场相关度的分组,企业挂牌当年年底在产品/服务创新性($F=13.612$,$P=0.000$)方面表现出显著性的差异,但在著作权数、专利数量上未表现出显著性的差异,见图 3-33。就盈利企业而言,基于企业主营业务收入来源的市场相关度的分组,企业挂牌当年年底在产品/服务创新性($F=12.266$,$P=0.000$)、著作权数($F=3.110$,$P=0.045$)方面表现出显著性的差异,在专利数量方面并未表现出显著性的差异。

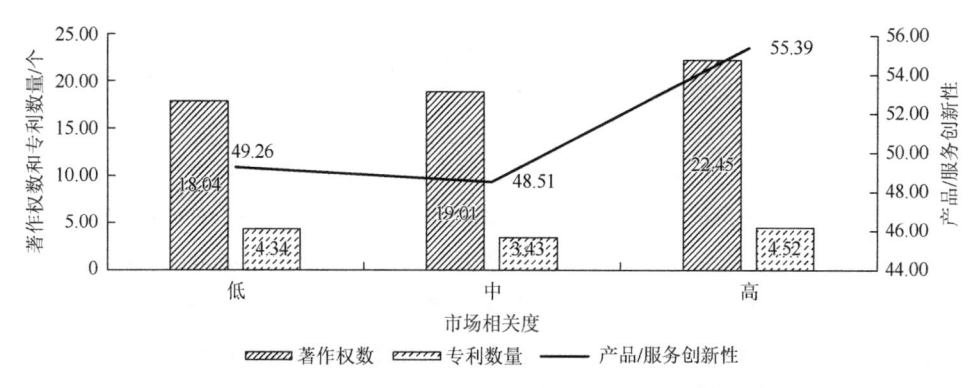

图 3-33 955家企业主营业务收入来源的市场相关度与企业创新成果差异

企业主营业务收入来源的市场相关度的差异,对企业挂牌当年年底的产品/服务创新性有影响。主营业务市场相关度高的企业,其产品/服务创新性的平均值最高,显著高于主营业务市场相关度等级为中的企业,见表 3-19。就盈利企业而言,主营业务收入来源的市场相关度高的企业在产品/服务创新性上表现最好,其平均值为 55.46,显著高于其他市场相关度水平。主营业务收入来源的市场相关度高的企业的著作权数的平均值为 23.65,显著高于市场相关度低的企业 17.35 的平均值,见表 3-20。

表 3-19 955家企业主营业务收入来源的市场相关度与企业创新成果差异

业绩指标		低	中	高
产品/服务创新性	平均数	49.26	48.51↓	55.39↑
	标准差	17.40	17.47	19.07
著作权数	平均数	18.04	19.01	22.45
	标准差	18.80	21.63	28.50
专利数量	平均数	4.34	3.43	4.52
	标准差	21.67	7.72	17.72

注:↑/↓代表差异达到了显著性水平,↑代表高值,↓代表低值

表 3-20　746 家盈利企业主营业务收入来源的市场相关度与企业创新成果差异

业绩指标		低	中	高
产品/服务创新性	平均数	48.73	48.39↓	55.46↑
	标准差	17.31	16.83	18.62
著作权数	平均数	17.35↓	19.31	23.65↑
	标准差	15.95	19.48	29.89
专利数量	平均数	3.28	3.80	4.93
	标准差	13.94	8.31	19.54

注：↑/↓代表差异达到了显著性水平，↑代表高值，↓代表低值

基于企业主营业务收入来源的市场相关度的分组，企业挂牌当年年底在营业收入增长率（$F=3.536$，$P=0.030$）、净利润增长率（$F=2.548$，$P=0.079$）方面表现出显著性的差异，但在总资产增长率上未表现出显著性的差异。就盈利企业而言，并没有发现企业主营业务收入来源的市场相关度的差异导致企业在总资产增长率、营业收入增长率和净利润增长率方面出现差异的统计证据。企业主营业务的市场相关度水平低、中、高在总资产增长率、营业收入增长率和净利润增长率上并无显著差异。

企业主营业务收入来源的市场相关度的差异，对企业挂牌当年年底的营业收入增长率、净利润增长率具有影响。主营业务市场相关度低的企业，其营业收入增长率的平均值最低，仅为 0.03，显著低于其他市场相关度水平。主营业务市场相关度低的企业，其净利润增长率的平均值最低，其值为 2.057，显著低于其他市场相关度的企业的平均值，见图 3-34。就盈利企业而言，企业主营业务收入来源的不同市场相关度的企业在净利润增长率、总资产增长率、营业收入增长率方面的表现没有显著差异，如主营业务市场相关度低、中、高的企业的净利润增长率的平均值均近似为 2.10。

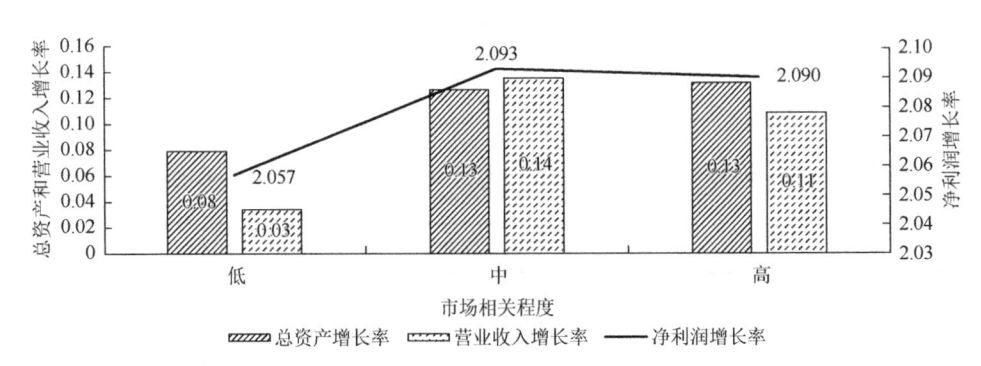

图 3-34　955 家企业主营业务收入来源的市场相关度与企业业绩增长率差异

基于以上分析，企业主营业务收入来源的不同市场相关度的差异对 IT 等新兴技术领域的企业业绩具有影响。总体来说，主营业务收入来源的市场相关度高的企业，其业绩（总资产、营业收入、净利润）更好，创新产出（产品/服务创新性、著作权数、专利数量）更高。对于盈利企业也是如此。可能存在的原因是：一是主营业务收入来源的市场相关度高的企业，深耕于一些高度相关的细分市场，拥有稳定的客户基础和丰富的行业经验；二是主营业务收入来源的市场相关度高的企业，与其他企业相比，其资源和产品更为集中，有利于高效地管理和运营；这些都有助于主营业务收入来源的市场相关度高的企业取得优异的业绩。

3.4.3 企业客户分散程度及其经营和业绩影响

本节主要分析企业客户分散程度对企业业绩和经营的影响。我们将企业客户分散程度分为三个等级，分别为低、中、高三个组。企业客户分散程度高意味着客户所在位置在距离上相隔远以及客户所属行业差别大。具体而言，新三板 IT 企业的客户分散程度主要以低和高程度为主，具有客户分散程度低的企业有 342 家，具有客户分散程度高的企业有 367 家，而具有客户分散程度中的企业为 246 家，分别占比 35.8%、38.4%和 25.8%，见图 3-35。

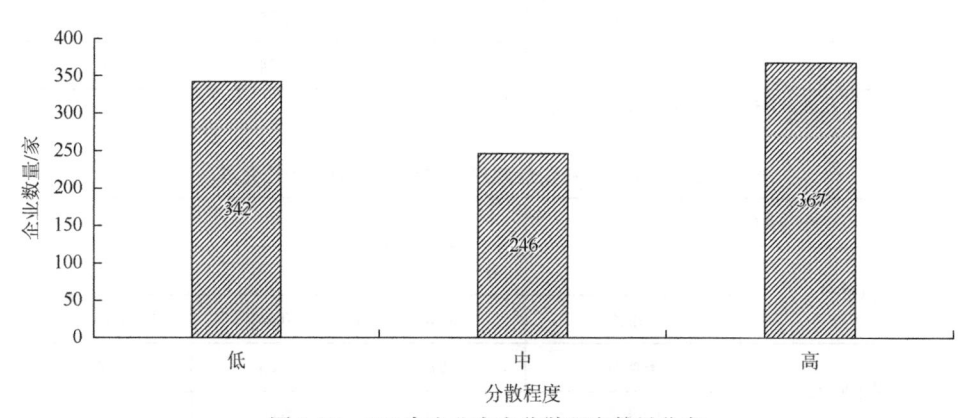

图 3-35　955 家企业客户分散程度数量分布

首先，企业的客户分散程度与企业挂牌当年年底的总资产（相关系数为 0.126，$P=0.000$）正相关；企业的客户分散程度与营业收入（相关系数为 0.139，$P=0.000$）正相关。这一结果表明，从分散程度低的企业到分散程度高的企业，总资产和营业收入呈现递增趋势。基于企业客户分散程度的分组，企业挂牌当年年底在净利润上（相关系数为 0.048，$P=0.134$）的相关性不显著。

企业客户分散程度差异对企业挂牌当年年底的绩效具有影响，客户分散程度低、中和高的企业挂牌当年年底总资产（$F=8.286$，$P=0.000$）平均值呈现出逐步递增的趋势。其中，高分散程度的总资产平均值为 3.79，显著高于客户低分散程度的企业（平均值为 3.64）。这种递增趋势同样反映在营业收入方面，客户分散程度低的企业挂牌当年年底的营业收入平均值为 3.52，从分散程度低到高，企业的营业收入（$F=10.225$，$P=0.000$）平均值递增，见表 3-21。就盈利企业而言，企业挂牌当年年底的总资产（$F=4.795$，$P=0.007$）和营业收入（$F=7.442$，$P=0.001$）平均值变化趋势与所有企业一致，即企业客户分散程度低、中、高的企业挂牌当年年底的总资产和营业收入平均值呈现出逐步递增趋势。就净利润而言，客户分散程度对所有企业净利润的平均值影响不显著，而盈利企业则是显著的。其中，客户分散程度低的企业净利润（$F=4.283$，$P=0.014$）平均值为 2.70，客户分散程度高的企业净利润平均值为 2.83，见表 3-22。

表 3-21 955 家企业客户分散程度与企业业绩差异

业绩指标		低	中	高
总资产	平均数	3.64↓	3.71	3.79↑
	标准差	0.49	0.49	0.48
营业收入	平均数	3.52↓	3.58	3.71↑
	标准差	0.54	0.55	0.55
净利润	平均数	2.11	2.15	2.18
	标准差	1.25	1.24	1.30

注：↑/↓代表差异达到了显著性水平，↑代表高值，↓代表低值

表 3-22 746 家盈利企业客户分散程度与企业业绩差异

业绩指标		低	中	高
总资产	平均数	3.73↓	3.77	3.85↑
	标准差	0.46	0.46	0.45
营业收入	平均数	3.64↓	3.68	3.79↑
	标准差	0.49	0.49	0.44
净利润	平均数	2.70↓	2.70	2.83↑
	标准差	0.64	0.67	0.58

注：↑/↓代表差异达到了显著性水平，↑代表高值，↓代表低值

由客户分散程度导致的企业著作权数（$F=5.888$，$P=0.003$）差异显著，而对产品/服务创新性、专利数量造成的差异统计证据显示不显著。就著作权而言，企业客户分散程度导致著作权数的平均数由分散程度低的企业（平均数为 17.35）向分散程度高的企业（平均数为 23.73）递增。产品/服务创新性和专利数量在客户分散程度上并无统计学上的差异性，见图 3-36。

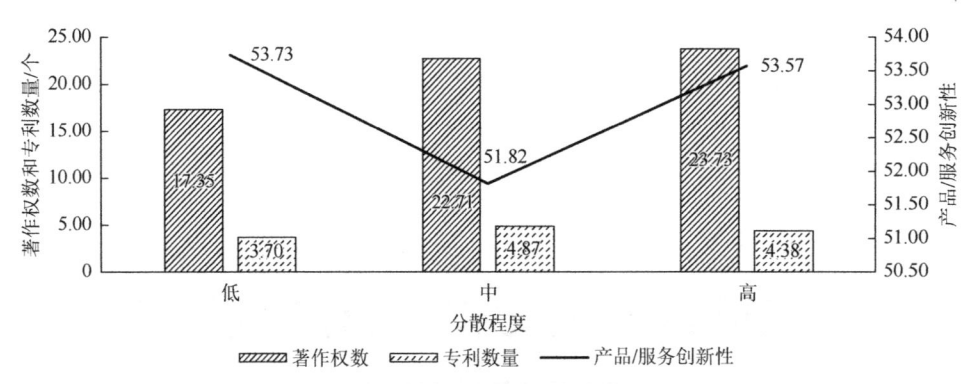

图 3-36　955 家企业客户分散程度与企业创新成果差异

但是,并没有发现企业客户分散程度导致企业总资产增长率、营业收入增长率和净利润增长率差异的统计证据。客户分散程度低、中、高的企业在总资产增长率、营业收入增长率和净利润增长率并无统计学上的差异性。

基于以上分析,企业客户分散程度差异对 IT 等新兴技术领域企业的绩效具有一定影响,特别是在盈利企业的总资产和营业收入上存在较大影响。可以初步形成的判断是:在 IT 等新兴技术领域,客户分散程度中和高的企业在总资产和营业收入上要优于客户分散程度低的企业。导致这种结果的原因可能是:第一,企业客户分散程度高,客户在地域上的距离越远,企业的议价能力随之越强,在交易方面更占据主动优势;第二,企业客户分散程度越高,客户的产业、行业差异越大,或者客户在业务领域上的需求更广,有利于增加交易种类和数量。

第 4 章

新三板 IT 企业技术能力对企业经营和业绩的影响

技术创新是高科技企业立足之本，重视获取并利用新技术是其发展关键。技术能力对 IT 等高科技企业的发展至关重要，但企业往往面临着技术困境。一方面，研发能力和技术优势是核心竞争力的重要来源；另一方面，较大的技术投入和前沿技术的探索加剧了企业风险。那么，是否技术能力越强越能促进企业业绩的增长？技术人员、技术团队等潜在能力以及企业专利、著作权、资质认证等显在能力在这之中发挥着什么作用？这是我们重点关注的另一问题，本章的技术路线见图 4-1。

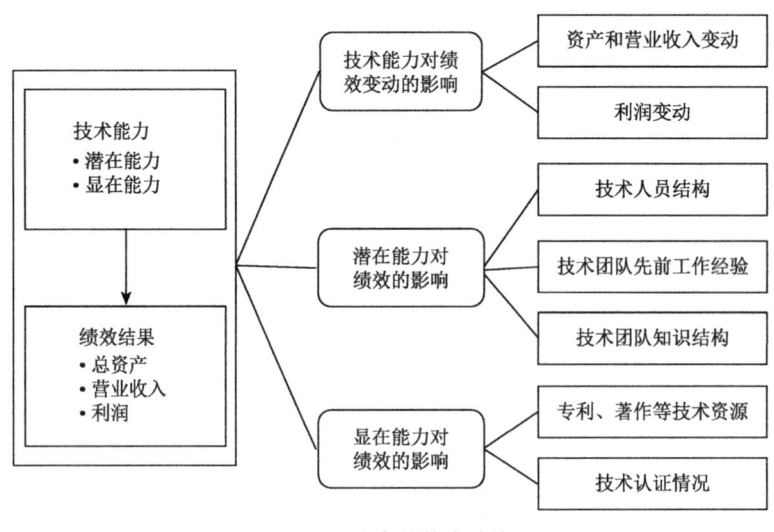

图 4-1 本章的技术路线

4.1 技术能力及其绩效变动影响

在 IT 等新兴领域，企业技术创新的重要性不言而喻。那么，在新三板平台上，企业的技术能力是否同样受到投资者以及客户的高度关注？总体来看，955 家企业共拥有 71 000 名技术人员、20 230 份著作权和 4070 份专利,平均每家企业拥有 74.3 名技术人员、21.18 份著作权和 4.26 份专利。同时,企业将大部分资金优先投入研发活动的平均评分为 2.58(五分制),企业申请专利、著作权或产权保护的积极性的平均评分为 3.30(五分制),产品/服务创新性的平均评分为 53.18(百分制),产品/服务在市场上的独特性平均评分为 3.30(五分制),表明挂牌 IT 企业在整体上具有较好的技术能力。

首先,新三板中 IT 企业过高的技术能力反而不利于获取投资者和用户认可。在 955 家企业是否实现资产和营业收入增长的分组中,技术人员数量、产权保护积极性、著作权数、专利数量在资产与营业收入双增长组、单增长组和未增长组的平均数并无显著差异,但在产品/服务创新性($F=3.810$,$P=0.022$)和产品/服务独特性($F=4.505$,$P=0.011$)上表现出了显著的差异。其中,未增长组的产品/服务创新性的均值为 58.18,显著高于单增长组的 51.79 和双增长组的 52.91;未增长组的产品/服务独特性的均值为 3.53,显著高于单增长组的 3.29 和双增长组的 3.24。以上统计结果说明,产品/服务的创新性和独特性过高,反而不利于企业实现资产和营收的增长。

其次,新三板中 IT 企业过高的技术能力反而不利于获取更高程度的投资者和用户认可。670 家实现资产和营业收入双增长的企业分组中产品/服务独特性在双高增长组、资产增长导向组、收入增长导向组、双适中增长组中并不存在显著性差异,但技术人员数量($F=2.362$,$P=0.070$)、产权保护积极性($F=4.106$,$P=0.007$)、产品/服务创新性($F=2.639$,$P=0.049$)、著作权数($F=9.167$,$P=0.000$)、专利数量($F=2.745$,$P=0.042$)上都存在显著性差异。其中,双高增长组技术人员数量均值为 44.59,显著低于其他三组,特别是双适中增长组的 108.25;双高增长组的产权保护积极性的均值为 3.14,显著低于其他三组,特别是低于双适中增长组的 3.48;双高增长组的产品/服务创新性的均值为 50.24,显著低于其他三组,特别是低于双适中增长组的 55.29;双高增长组的著作权数的均值为 15.63,显著低于其他三组,特别是低于双适中增长组的 26.79;双高增长组的专利数量的均值为 2.32,显著低于其他三组,特别是低于双适中增长组的 6.81,见表 4-1。

表 4-1　955 家企业不同资产和营业收入增长组之间技术能力比较

技术能力	资产和营收增长与否			资产和营业收入增长路径			
	双增长	单增长	未增长	双高增长组	资产增长导向组	收入增长导向组	双适中增长组
技术人员数量	78.34	72.96	49.23	44.59↓	93.39	54.23	108.25↑
产权保护积极性	3.30	3.24	3.48	3.14↓	3.25	3.30	3.48↑

续表

技术能力	资产和营收增长与否			资产和营业收入增长路径			
	双增长	单增长	未增长	双高增长组	资产增长导向组	收入增长导向组	双适中增长组
产品/服务创新性	52.91↓	51.79	58.18↑	50.24↓	52.90	53.74	55.29↑
产品/服务独特性	3.29↓	3.24	3.53↑	3.21	3.31	3.27	3.37
著作权数	20.87	22.29	21.12	15.63↓	21.44	17.32	26.79↑
专利数量	4.21	4.97	3.13	2.32↓	3.10	4.54	6.81↑

注：↑/↓代表差异达到了显著性水平，↑代表高值，↓代表低值

最后，新三板中 IT 企业过高的技术能力能够实现利润的适度增长，但却无法实现高速增长。955 家利润变动情况的分组中，专利数在利润负增长、适度增长以及高增长组中没有显著差异，但技术人员数量（$F=10.121$，$P=0.000$）、产权保护积极性（$F=9.289$，$P=0.000$）、产品/服务创新性（$F=9.023$，$P=0.000$）、产品/服务独特性（$F=6.779$，$P=0.001$）、著作权数（$F=6.795$，$P=0.001$）上存在显著差异。其中，利润适度增长组技术人员数量均值为 147.20，显著高于其他两组；利润适度增长组的产权保护积极性的均值为 3.57，显著高于其他两组；利润适度增长组产品/服务创新性均值为 57.30，显著高于其他两组；利润适度增长组产品/服务独特性均值为 3.48，显著高于其他两组；利润适度增长组著作权数均值为 27.46，显著高于其他两组，见表 4-2。

表 4-2 955 家企业不同利润增长组之间技术能力比较

技术能力	利润增长情况		
	负增长	适度增长	高增长
技术人员数量	53.64	147.20↑	62.12
产权保护积极性	3.32	3.57↑	3.18
产品/服务创新性	54.33	57.30↑	50.62
产品/服务独特性	3.32	3.48↑	3.22
著作权数	21.14	27.46↑	18.72
专利数量	3.90	6.24	3.77

注：↑/↓代表差异达到了显著性水平，↑代表高值，↓代表低值

由此可见，虽然新三板 IT 企业整体上具有技术能力，但技术能力过高不仅不利于企业获取投资者与用户的认可，而且也无法实现利润的高速增长。这一现象

背后的原因可能是：虽然技术能力是新三板中 IT 企业持续发展的基础，意味着更强的技术创新可能性和发展机会，但技术能力过高则意味着企业技术更偏向前沿，巨额研发成本、大量人力投入、市场认可度等技术风险更加凸显，投资者和消费者对这类超高技术能力企业更加慎重，这类企业也难以通过新三板平台实现利润的高速增长。

4.2 技术人员结构及其经营和业绩影响

4.2.1 技术人员在企业员工人数中占比及其经营和业绩影响

由于有 2 家企业未提及技术人员数量情况，本节只对 953 家企业进行分析。根据技术人员在企业全体员工中占比的异质性，将 953 家企业划分为高、低两组：高技术人员组（技术人员占比大于 0.5）、低技术人员组（技术人员占比小于或等于 0.5）。高技术人员组有 386 家，占比为 40.5%，低技术人员组有 567 家，占比为 59.5%，见图 4-2。

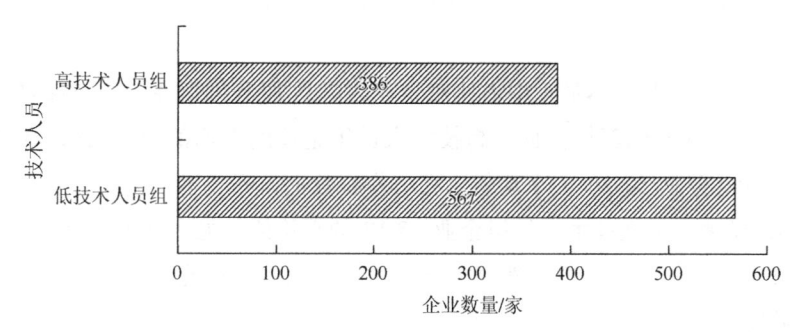

图 4-2 953 家企业技术人员在企业全体员工中占比数量分布

技术人员在企业全体员工中占比与企业挂牌当年年底的总资产（相关系数为 -0.057，$P=0.081$）、营业收入（相关系数为-0.081，$P=0.012$）上表现负相关关系。基于技术人员在企业全体员工中占比情况的分组，企业挂牌当年年底在总资产（$T=1.849$，$P=0.065$）、营业收入（$T=2.757$，$P=0.006$）、净利润（$T=-2.028$，$P=0.043$）方面表现出显著性差异。

技术人员在企业全体员工中占比对企业挂牌当年年底的总资产、营业收入、净利润具有影响。在总资产方面，低技术人员组企业的平均值为 3.74，远高于高技术人员组企业 3.68 的平均值。在营业收入方面，低技术人员组企业的平均值为 3.65，显著高于高技术人员组企业 3.55 的平均值。但在净利润上，低技术人员组企业的平均值为 2.08，显著低于高技术人员组企业 2.25 的平均值，见表 4-3。

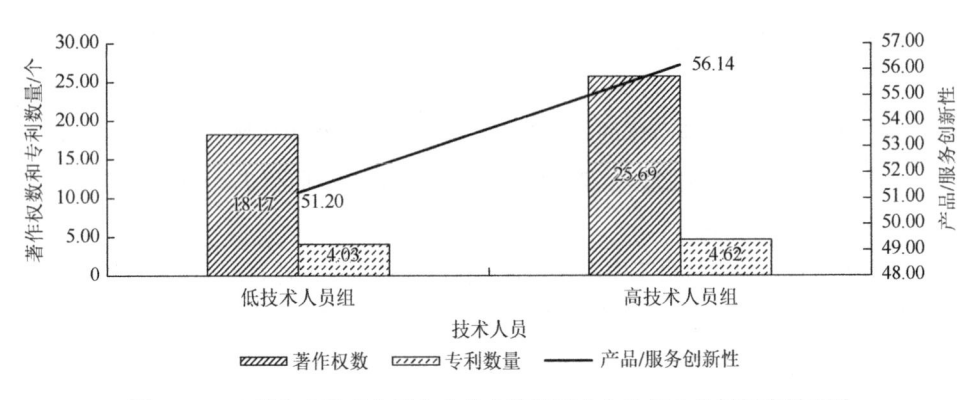

表 4-3 953 家企业技术人员在企业全体员工中占比与企业业绩差异

业绩指标		低技术人员组	高技术人员组
总资产	平均数	3.74↑	3.68↓
	标准差	0.50	0.47
营业收入	平均数	3.65↑	3.55↓
	标准差	0.57	0.52
净利润	平均数	2.08↓	2.25↑
	标准差	1.30	1.20

注：↑/↓代表差异达到了显著性水平，↑代表高值，↓代表低值

技术人员在企业全体员工中占比与企业的产品/服务创新性（相关系数为 0.121，$P = 0.000$）、著作权数量（相关系数为 0.153，$P = 0.000$）呈正相关。这一结果表明，技术人员在企业全体员工中占比越高，企业的产品/服务创新性、著作权数量越高。基于技术人员在企业全体员工中占比的分组，企业在产品/服务创新性（$T = -4.100$，$P = 0.000$）、著作权数量（$T = -3.944$，$P = 0.000$）方面具有显著差异。

技术人员在企业全体员工中占比对企业的产品/服务创新性、著作权数量具有影响。在产品/服务创新性方面，高技术人员组企业的平均值为 56.14，显著高于低技术人员组企业 51.20 的平均值。在著作权数上，高技术人员组企业的平均值为 25.69，显著高于低技术人员组企业 18.17 的平均值，见图 4-3。在专利数量方面，高技术人员组的平均值仍然高于低技术人员组，但在统计学上不存在显著性差异，见表 4-4。

图 4-3 953 家企业技术人员在企业全体员工中占比与企业创新成果差异

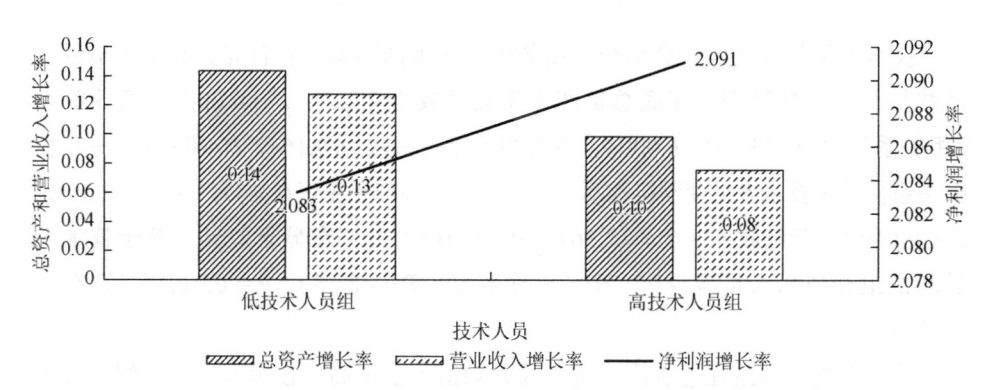

第4章 新三板IT企业技术能力对企业经营和业绩的影响

表4-4 953家企业技术人员在企业全体员工中占比与企业创新成果差异

业绩指标		低技术人员组	高技术人员组
产品/服务创新性	平均数	51.20↓	56.14↑
	标准差	19.40	17.42
著作权数	平均数	18.17↓	25.69↑
	标准差	18.15	34.34
专利数量	平均数	4.03	4.62
	标准差	12.97	20.93

注：↑/↓代表差异达到了显著性水平，↑代表高值，↓代表低值

技术人员在企业全体员工中占比与企业挂牌当年年底的总资产增长率（相关系数为-0.070，$P=0.031$）、营业收入增长率（相关系数为-0.078，$P=0.017$）表现为负相关关系，这表明技术人员在企业全体员工中占比低的企业，其企业业绩有较大的提升空间。基于技术人员在企业全体员工中占比情况的分组，企业挂牌当年年底在总资产增长率（$T=2.327$，$P=0.020$）、营业收入增长率（$T=2.366$，$P=0.018$）方面表现出显著性差异。

技术人员在企业全体员工中占比的差异对企业的总资产增长率、营业收入增长率具有影响。低技术人员组企业的总资产增长率的平均值为0.14，显著高于高技术人员组企业0.10的平均值；低技术人员组企业的营业收入增长率的平均值为0.13，显著高于高技术人员组企业0.08的平均值；技术人员在企业全体员工中占比的差异没有使企业在净利润增长率上表现出显著性的差异，见图4-4。

图4-4 953家企业技术人员在企业全体员工中占比与企业业绩增长率差异

基于以上分析，技术人员在企业全体员工中占比的差异对IT等新兴技术领域企业的业绩和创新产出具有重要影响。可以初步形成的判断是：在IT等新兴技术领域，技术人员在企业全体员工中占比高的企业，企业的净利润更高，创新产出（产品/

服务创新性、著作权数、专利数量）更高；尽管技术人员占比低的企业在营业收入与总资产方面可能不低，但其净利润远低于技术人员占比高的企业，技术人员占比低的企业尚有成长空间。可能的原因是：第一，技术人员在企业全体员工中占比越高，那么它的技术体系会越来越系统和完善，创新与研发能力越强，因而在产品/服务创新性、著作权数、专利数量上表现越好；第二，技术人员占比高的企业，其生产技术可能更为先进，高技术能力提升了产品/服务性能，使产品价值更高，同时先进的技术可以降低产品成本，故其净利润更高。

4.2.2 技术人员的变动描述及其业绩影响

挂牌当年年底，在936家企业中（19家企业技术人员数据缺失），有791家企业技术人员发生了变动（包括技术人员的增加和减少），占比为84.5%，其中，有177家企业技术人员减少，占比18.9%，614家企业技术人员增加，占比为65.6%，仅有145家企业技术人员未发生变化，占比为15.5%，见图4-5。

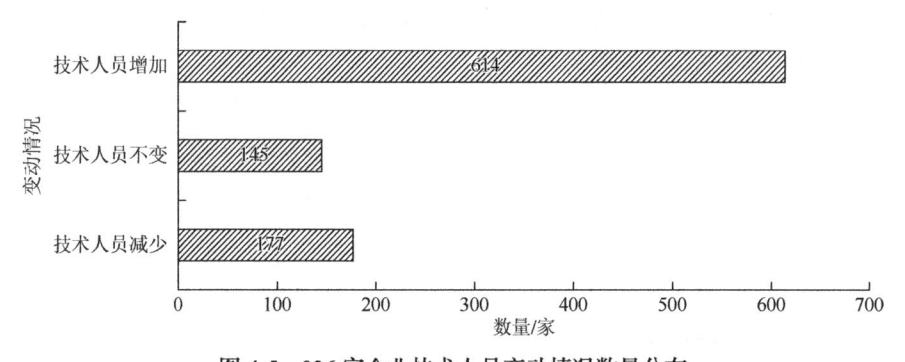

图4-5　936家企业技术人员变动情况数量分布

技术人员的变动是否会给企业绩效带来显著的影响呢？首先，技术人员的变动数量与企业挂牌当年年底总资产（相关系数为0.220，$P=0.000$）、营业收入（相关系数为0.215，$P=0.000$）、净利润（相关系数为0.164，$P=0.000$）呈正相关关系。基于技术人员变动组和不变组，企业挂牌当年年底在总资产（$T=-2.343$，$P=0.019$）、营业收入（$T=-2.369$，$P=0.018$）上存在显著差异。基于技术人员增加组和技术人员减少组，企业在净利润（$T=-2.550$，$P=0.011$）上存在显著差异。

技术人员变动组在总资产、营业收入均值上显著高于技术人员不变组：技术人员变动组总资产均值为3.73，高于技术人员不变组的3.63；技术人员变动组的营业收入均值为3.63，高于技术人员不变组的3.51。技术人员增加组在净利润上显著高于技术人员减少组：技术人员增加组的净利润均值为2.24，高于技术人员减少组的1.96，见表4-5。

第4章 新三板IT企业技术能力对企业经营和业绩的影响

表4-5 936家企业技术人员变动与企业业绩差异

业绩指标		不变动	变动	减少	增加
总资产	平均数	3.63↓	3.73↑	3.72	3.74
	标准差	0.49	0.49	0.50	0.48
营业收入	平均数	3.51↓	3.63↑	3.59	3.64
	标准差	0.63	0.53	0.54	0.53
净利润	平均数	2.06	2.17	1.96↓	2.24↑
	标准差	1.22	1.27	1.35	1.24

注：↑/↓代表差异达到了显著性水平，↑代表高值，↓代表低值

其次，基于技术人员变动和不变动的分组，企业产品/服务创新性（$T=-2.826$，$P=0.005$）、著作权数（$T=-2.460$，$P=0.014$）存在显著差异。其中，技术人员变动组的产品/服务创新性均值的53.97显著高于技术人员不变动组的49.22，技术人员变动组的著作权数均值22.22显著高于技术人员不变动组的16.39，见图4-6。

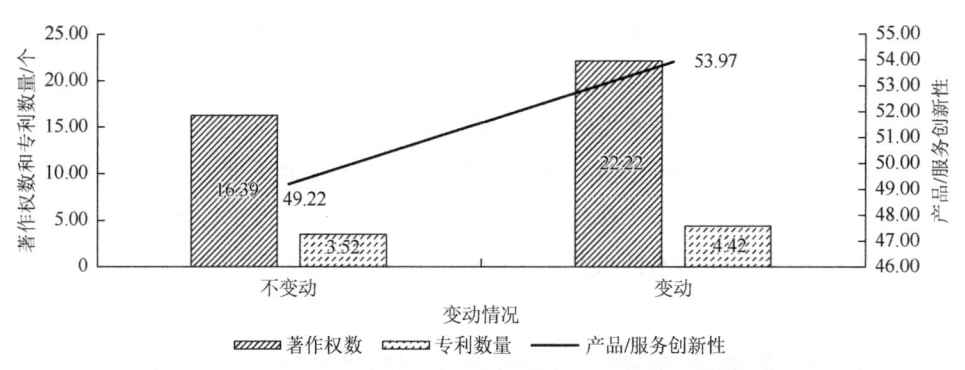

图4-6 936家企业技术人员变动与否与企业创新成果差异

最后，基于技术人员减少、不变、增加的分组，企业挂牌当年年底的总资产增长率（$F=7.851$，$P=0.000$）、营业收入增长率（$F=4.452$，$P=0.012$）表现出显著的差异。其中，技术人员增加组的总资产增长率的均值为0.15，明显高于技术人员不变组的0.12和技术人员减少组的0.05。技术人员增加组的营业收入增长率的均值为0.13，显著高于技术人员不变组的0.10和技术人员减少组的0.04，见图4-7。

基于以上分析，技术人员的变动对企业绩效十分重要。可以初步得出的结论是：在IT等新兴领域，技术人员的变动有助于总资产、营业收入、产品/服务创新性等各方面的提升，同时，在技术人员的变动中，技术人员的增长有助于提升企业的净利润以及总资产和营业收入的增长率。可能存在的原因为：在IT企业中，一方面，保持适度的技术人员的流动是更新和掌握前沿技术知识的基础，是企业具有技术活力

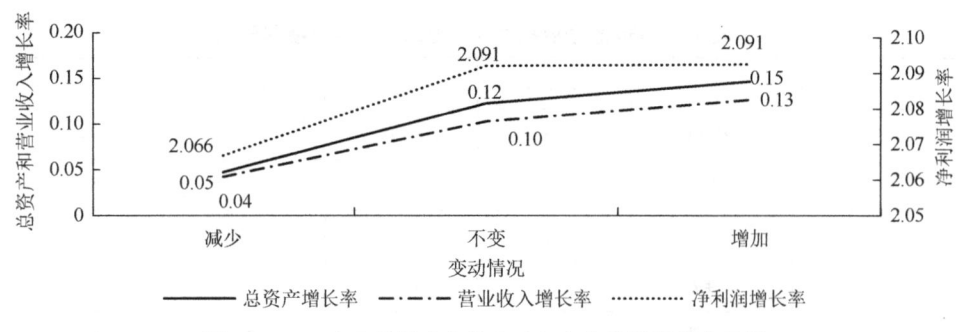

图 4-7　936 家企业技术人员变动与企业业绩增长率差异

的来源；另一方面，技术人员的增长说明企业具有更好的发展态势，注入更多的技术力量是 IT 企业发展的保障。

4.3　技术团队先前工作经验及其经营和业绩影响

4.3.1　技术团队先前工作经验相关度及其经营和业绩影响

技术团队先前工作经验相关度是指技术团队成员从事以往行业与现阶段行业的相关程度，分为低、中、高 3 个组别。由于有 54 家企业未提及技术团队情况，以及无法判定 44 家企业的技术团队先前工作经验相关度，本节只对 857 家企业进行分析。其中，有 724 家企业技术团队先前工作经验具有高相关度，占比为 84.5%，有 114 家企业技术团队先前工作经验具有中相关度，占比为 13.3%，仅有 19 家企业技术团队先前工作经验具有低相关度，占比为 2.2%，见图 4-8。

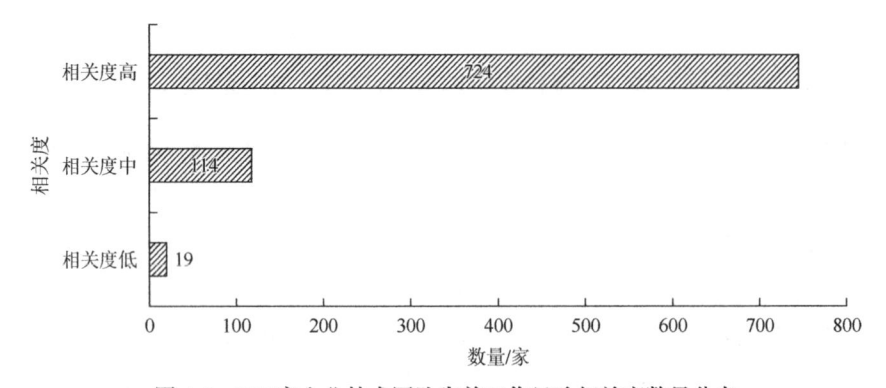

图 4-8　857 家企业技术团队先前工作经验相关度数量分布

首先，技术团队先前工作经验相关度与企业挂牌当年年底的总资产（相关系数为 0.868，$P = 0.000$）、营业收入（相关系数为 0.627，$P = 0.000$）、净利润（相关系数为 0.070，$P = 0.040$）表现出正相关关系。这一结果表明，技术团队先前工作经验相关度越高,企业越倾向于有更好的绩效。但基于技术团队先前工作经验相关度的分组,企业挂牌当年年底在总资产、营业收入、净利润上并未表现出显著性的差异,见表4-6。在软件和信息技术服务业中,企业挂牌当年年底在总资产、营业收入、净利润上也并未表现出显著性的差异;在互联网和相关服务中,企业挂牌当年年底在总资产($F = 4.169$,$P = 0.017$)表现出了显著差异,见图4-9。

表4-6　857家企业技术团队先前工作经验相关度与企业业绩差异

业绩指标		低相关度	中相关度	高相关度
总资产	平均数	3.60	3.67	3.73
	标准差	0.52	0.51	0.48
营业收入	平均数	3.47	3.57	3.61
	标准差	0.89	0.63	0.52
净利润	平均数	2.03	2.09	2.16
	标准差	1.41	1.22	1.28

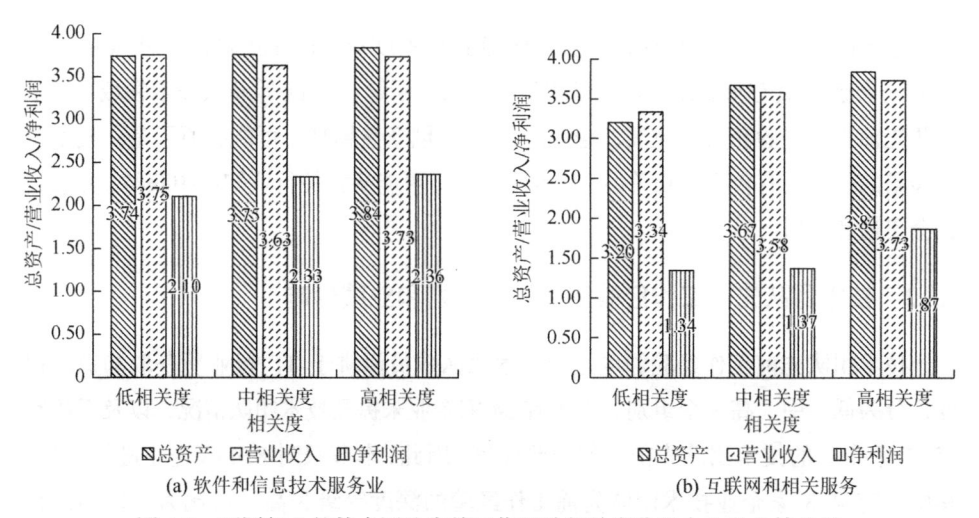

图4-9　不同行业的技术团队先前工作经验相关度分组中企业业绩差异

其次,技术团队先前工作经验相关度与产品/服务创新性(相关系数为0.218,$P = 0.000$)、著作权数(相关系数为0.159,$P = 0.000$)呈正相关。这一结果表明,技术团队先前工作经验相关度高,与更高的产品/服务创新性和著作权数具有相关性。基于技术团队先前工作经验相关度分组,企业产品/服务创新性($F = 2.729$,$P = 0.066$)具有显著差异。

这一结果表明,技术团队先前工作经验相关度越高,企业产品/服务创新性就越好。技术团队先前工作经验高相关度组的产品/服务创新性的平均值为55.70,高于中相关度组、低相关度组的 47.84 和 32.87，见图 4-10。虽然基于技术团队先前工作经验相关度分组中企业的著作权数和专利数量的差异并不显著，但从图 4-10 可以看出，高相关度组的著作权数、专利数量都要高于中相关度和低相关度组。最后，并没有发现技术团队先前工作经验相关度的高低导致企业总资产增长率、营业收入增长率和净利润增长率差异的统计证据。

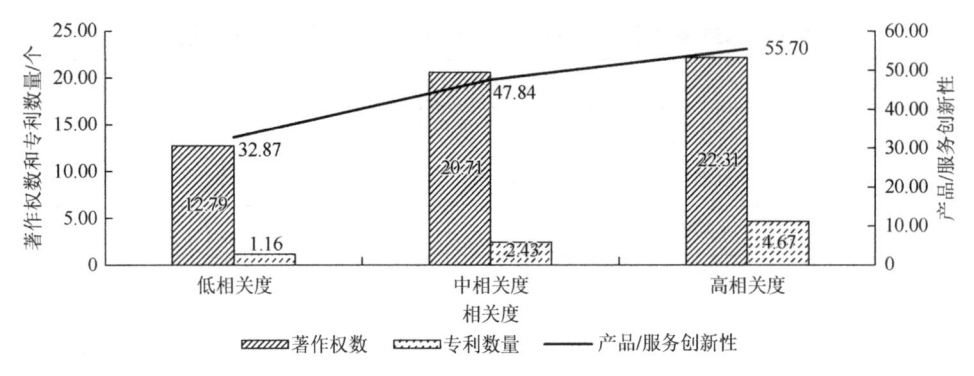

图 4-10　857 家企业技术团队先前工作经验相关度与企业创新成果差异

基于以上分析，技术团队先前工作经验相关度对 IT 等新兴技术领域企业产品/服务创新性具有重要影响。可以初步形成的判断是：在 IT 等新兴技术领域，技术团队先前工作经验相关度越高，企业产品/服务创新性越高。可能的原因是：技术团队涉猎的行业具有较高的相关性，技术团队成员更能从相关行业知识中获益，并做到融会贯通和创新突破。

4.3.2　技术团队先前工作经验深度及其经营和业绩影响

技术团队先前工作经验深度是指技术团队成员深耕于 IT 行业所获取知识的程度，分为低、中、高 3 个组别。由于有 54 家企业未提及技术团队情况，以及无法判定 47 家企业的技术团队先前工作经验深度，因此，本节只对 854 家企业进行分析。其中，有 463 家企业技术团队先前工作经验的深度等级为高，占比为 54.2%，有 309 家企业技术团队先前工作经验的深度等级为中，占比为 36.2%，仅有 82 家企业技术团队先前工作经验是深度等级为低，占比为 9.6%，见图 4-11。

首先，技术团队先前工作经验深度与企业挂牌当年年底的总资产（相关系数为 0.160，$P = 0.000$）、营业收入（相关系数为 0.163，$P = 0.000$）、净利润（相关系数为 0.099，$P = 0.004$）表现出正相关关系。这一结果表明，技术团队先前工作经验深度越高，企业越倾向于有更好的绩效。基于技术团队先前工作经验深度的分组，企业挂牌当年年底在总资产（$F = 11.214$，$P = 0.000$）、营业收入（$F = 8.981$，$P = 0.000$）方面表现出显著性差异，如行业经验深度等级为低的企业的总资产平均值为 3.60，显

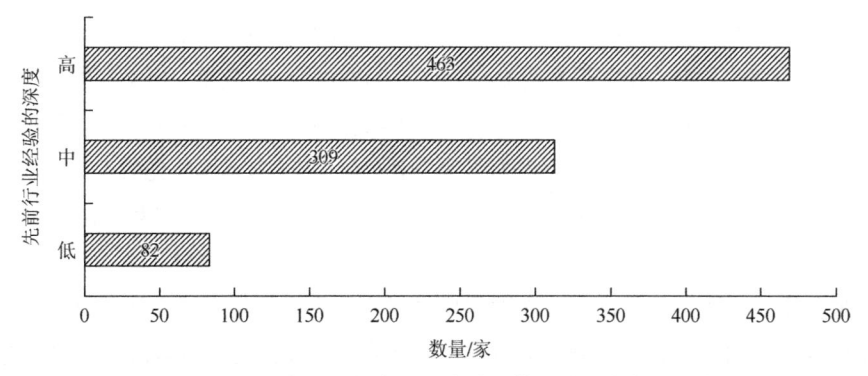

第4章 新三板 IT 企业技术能力对企业经营和业绩的影响

图 4-11　854 家企业技术团队先前工作经验深度数量分布

著低于行业经验深度等级为高的企业总资产的平均值（3.79）；但在净利润上行业深度各组别的企业并未表现出显著性的差异，见表 4-7。在软件和信息技术服务业中，企业挂牌当年年底在总资产（$F = 13.611, P = 0.000$）、营业收入（$F = 13.764, P = 0.000$）上表现出了显著性差异。在互联网和相关服务中，企业挂牌当年年底在总资产、营业收入、净利润上并未表现出显著性的差异，见图 4-12。

表 4-7　854 家企业技术团队先前工作经验深度与企业业绩差异

业绩指标		低	中	高
总资产	平均数	3.60↓	3.64	3.79↑
	标准差	0.53	0.46	0.48
营业收入	平均数	3.47↓	3.53	3.67↑
	标准差	0.64	0.57	0.51
净利润	平均数	1.99	2.11	2.20
	标准差	1.31	1.21	1.31

注：↑/↓代表差异达到了显著性水平，↑代表高值，↓代表低值

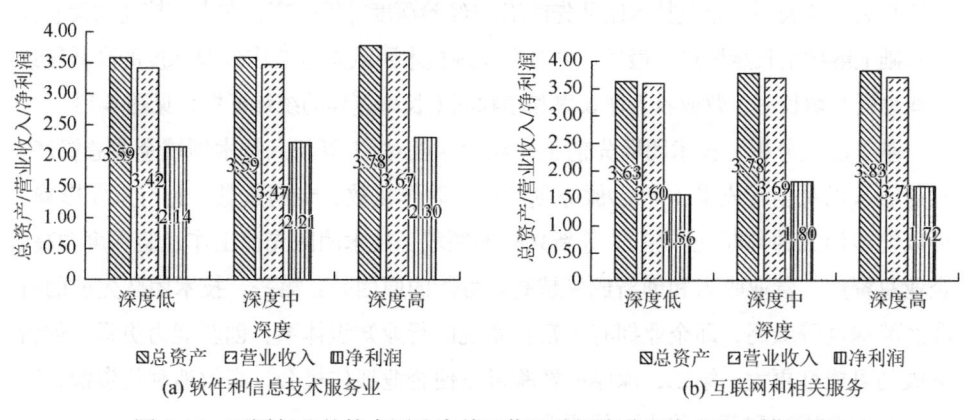

图 4-12　不同行业的技术团队先前工作经验深度分组中企业业绩差异

其次，技术团队先前工作经验深度与产品/服务创新性（相关系数为 0.273，$P = 0.000$）、著作权数（相关系数为 0.137，$P = 0.000$）、专利数量（相关系数为 0.110，$P = 0.001$）呈正相关。这一结果表明，技术团队先前工作经验深度越高，企业越倾向于有更高的产品/服务创新性、著作权数和专利数量。基于技术团队先前工作经验深度分组，企业在产品/服务创新性（$F = 29.887$，$P = 0.000$）、著作权数（$F = 2.721$，$P = 0.066$）、专利数量（$F = 3.651$，$P = 0.026$）方面具有显著差异。

企业技术团队先前工作经验深度差异对企业挂牌当年年底的产品/服务创新性、著作权数、专利数量具有影响，随着技术团队先前工作经验深度等级的提升，企业挂牌当年年底的产品/服务创新性、著作权数、专利数量的平均值呈现出逐步递增的趋势。其中工作经验深度等级为高的企业的产品/服务创新性的平均值为 57.93，显著高于工作经验深度等级为低的企业产品/服务创新性的平均值（43.41）；工作经验深度等级为高的企业的著作权数和专利数量的平均值分别为 23.64、5.62，显著高于工作经验深度等级为低的企业的平均值（17.38、1.95），见表 4-8。

表 4-8　854 家企业技术团队先前工作经验深度与企业创新成果差异

业绩指标		深度低	深度中	深度高
产品/服务创新性	平均数	43.41↓	51.30	57.93↑
	标准差	17.02	17.57	17.77
著作权数	平均数	17.38↓	20.27	23.64↑
	标准差	17.68	29.25	26.28
专利数量	平均数	1.95↓	2.84	5.62↑
	标准差	5.41	7.08	21.09

注：↑/↓代表差异达到了显著性水平，↑代表高值，↓代表低值

技术团队先前工作经验深度与营业收入增长率（相关系数为 –0.077，$P = 0.025$）呈负相关，这表明，企业技术团队先前工作经验深度等级越高，在先前较高的营业收入基础上继续增长越困难。最后，并没有发现技术团队先前工作经验深度的高低导致企业总资产增长率、营业收入增长率和净利润增长率差异的统计证据，见图 4-13。

基于以上分析，技术团队先前工作经验深度对 IT 等新兴技术领域企业总资产、营业收入以及创新成果（产品/服务创新性、著作权数、专利数量）具有重要影响。可以初步形成的判断是：在 IT 等新兴技术领域，技术团队先前工作经验深度越高，企业总资产、营业收入和创新成果越高。可能的原因是：第一，技术团队先前的行业经验深度等级高，即企业拥有丰富且系统的行业知识体系，创新能力更强，创新突破的可能性更大；第二，深厚的经验可以使企业抓住机会，高效地利用资源，因而企业的总资产和营业收入可能更高。

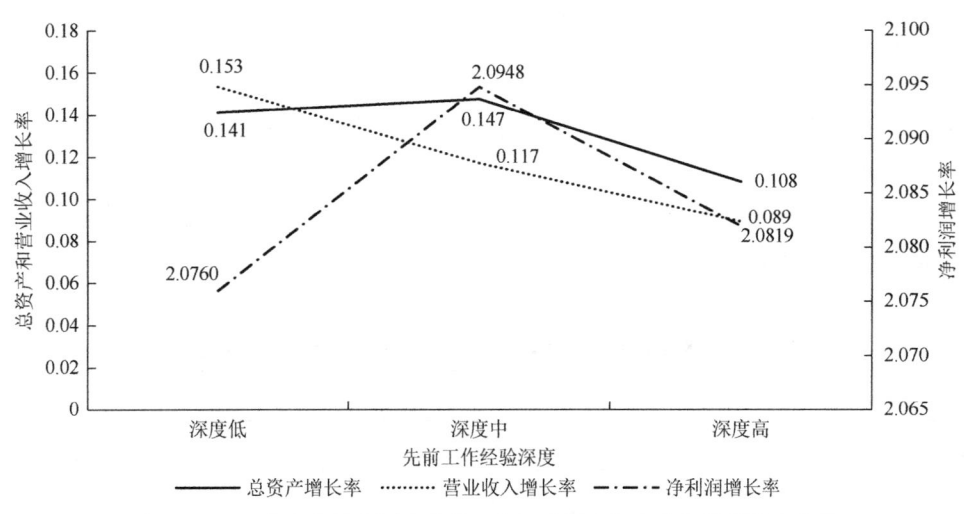

图 4-13　854 家企业技术团队先前工作经验深度与企业业绩增长率差异

4.3.3　技术团队先前工作经验广度及其经营和业绩影响

本节主要分析企业技术团队先前工作经验广度对于企业业绩和经营的影响。技术团队先前工作经验广度是指技术团队成员在 IT、金融、通信等多样化行业背景从事技术工作获取多样性知识的程度，我们将这种程度划分为低、中、高 3 个组别，由于系统值该项缺失 97 个样本，有效数据总共 858 家企业。具体而言，新三板 IT 企业技术团队先前经验广度主要分为低、中和高三个层次，企业数量分别为 242、400 和 216，分别占比 28.2%、46.6% 和 25.2%，见图 4-14。技术团队中度先前工作经验广度的企业占主流，低程度和高程度先前工作经验广度的企业数量相当。

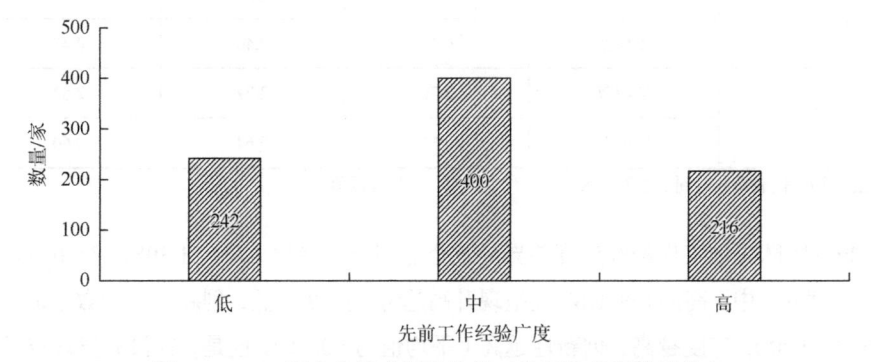

图 4-14　858 家企业技术团队先前工作经验广度数量分布

首先，技术团队先前工作经验广度差异对企业挂牌当年年底的总资产（$F=3.322$，$P=0.037$）具有影响。低、中、高企业挂牌当年年底总资产平均值呈现出逐步上升的趋势。其中，低的平均值为 3.70，高的平均值为 3.77。就营业收入和净利润而言，并没有发现技术团队先前工作经验广度差异导致企业营业收入和净利润差异的统计证据，见表4-9。就盈利企业而言，技术团队经验广度越高，总资产（$F=3.322$，$P=0.037$）越高，先前工作经验广度高的企业挂牌当年年底的总资产平均数为3.87（中经验广度的平均值为3.76）。并没有发现技术团队先前工作经验广度差异导致企业营业收入和净利润差异的统计证据，经验广度低、中、高在企业挂牌当年年底营业收入和净利润之间并无显著性差异，见表4-10。

表4-9　858家企业技术团队先前工作经验广度与企业业绩差异

业绩指标		低	中	高
总资产	平均数	3.70↓	3.70	3.77↑
	标准差	0.49	0.47	0.52
营业收入	平均数	3.59	3.60	3.63
	标准差	0.54	0.55	0.56
净利润	平均数	2.08	2.14	2.24
	标准差	1.31	1.25	1.27

注：↑/↓代表差异达到了显著性水平，↑代表高值，↓代表低值

表4-10　668家盈利企业技术团队先前工作经验广度与企业业绩差异

业绩指标		低	中	高
总资产	平均数	3.78	3.76↓	3.87↑
	标准差	0.47	0.43	0.49
营业收入	平均数	3.71	3.68	3.77
	标准差	0.49	0.46	0.47
净利润	平均数	2.76	2.72	2.83
	标准差	0.61	0.64	0.60

注：↑/↓代表差异达到了显著性水平，↑代表高值，↓代表低值

技术团队先前工作经验广度差异导致企业创新性差异（$F=21.308$，$P=0.000$），经验广度低、中、高的企业创新性呈现升高趋势。广度越低，创新性平均数越低（平均值为49.90），广度越高，创新性越高（平均值为60.53）。但是，并没有发现技术团队先前工作经验广度差异导致企业著作权数和专利数量差异的统计证据，经验广度低、中、高在企业著作权数和专利数量之间并无显著性差异，见图4-15。同时，也并未发现技术团队先前工作经验广度差异导致企业总资产增长率、营业收入增长率和净利润增长率差异的统计证据。

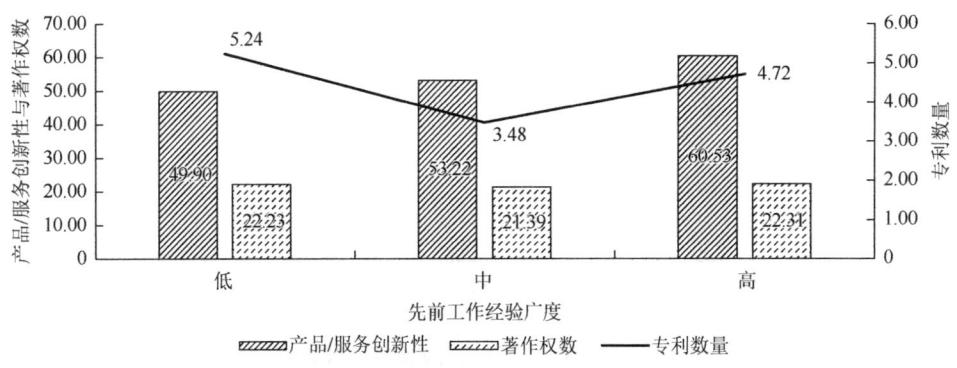

第4章 新三板IT企业技术能力对企业经营和业绩的影响　69

图 4-15　858家企业技术团队先前工作经验广度与企业创新成果差异

基于以上分析，企业技术团队先前经验广度差异对 IT 等新兴技术领域企业的总资产和产品/服务创新性具有一定影响，特别是在盈利企业的总资产上存在较大影响。在 IT 等新兴技术领域，技术团队先前经验广度较高的企业在总资产和产品/服务创新性上要优于经验广度低的企业。其中可能存在的原因是：第一，技术团队先前经验广度意味着技术团队成员在 IT、金融、通信等多样化行业背景从事技术工作获取多样性知识的程度，广度越高，成员所带来的经验成果越多，越能为企业创造创新成果，由此创新性获得提高；第二，当前 IT 等新兴技术领域需要用专利等专有性手段来保护其创新产出，由此可能采取各种正式或非正式机制保证企业对创新的专有性，这些机制就意味着企业创新部分的资产增加，如专利。

4.4　技术团队知识结构及其经营和业绩影响

4.4.1　高学历技术人员在技术团队中的比例及其经营和业绩影响

本节主要分析高学历技术人员在技术团队中的比例及其经营和业绩影响。具体而言，新三板 IT 企业中高学历技术人员在技术团队中的比例区间为 0~1，我们将这个比例分为三组，低比例高学历技术人员组（比例为 0），中比例高学历技术人员组（比例为 0~0.5）和高比例高学历技术人员组（比例为 0.5~1.0）。由于国内本科和硕士研究生逐渐普及，本书仅将博士研究生统计为高学历。55家企业样本缺失该项数据，有效样本为 900 个。新三板 IT 企业中，有 813 家企业技术团队中无博士，占比为 90.3%；博士人员在技术团队中的占比在 0~0.5 的企业有 76 家，占比为 8.4%；博士人员在技术团队中的占比在 0.5~1.0 的企业有 11 家，占比为 1.2%[①]，见图 4-16。

---

① 因四舍五入修约，相加可能不为100%。

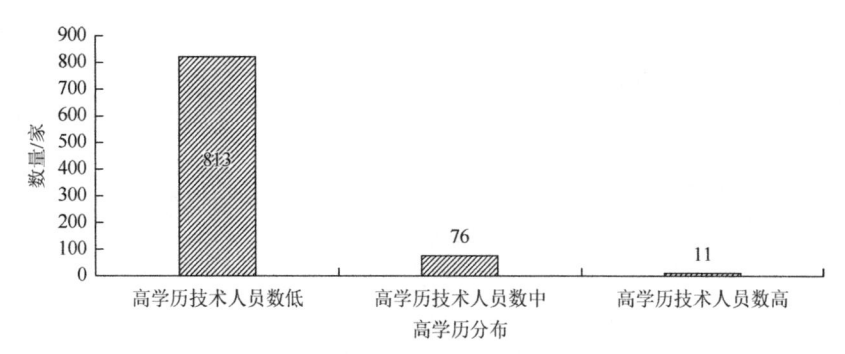

图 4-16　900家企业技术团队高学历数量分布

高学历技术人员在技术团队中的比例与企业挂牌当年年底的总资产（相关系数为0.082，$P=0.014$）呈现正相关；高学历技术人员在技术团队中的比例与企业挂牌当年年底的营业收入（相关系数为0.061，$P=0.067$）呈现正相关；高学历技术人员在技术团队中的比例与企业挂牌当年年底的净利润（相关系数为0.063，$P=0.059$）呈现正相关。这一结果表明，从博士占比低的企业到博士占比高的企业的总资产、营业收入和净利润呈现出递增趋势。

高学历技术人员在技术团队中的比例差异对企业挂牌当年年底的总资产、营业收入和净利润都具有影响。就所有企业而言，博士在技术团队中占比低的企业到占比高的企业挂牌当年年底总资产（$F=5.678$，$P=0.004$）、营业收入（$F=2.494$，$P=0.083$）和净利润（$F=2.508$，$P=0.082$）平均值呈现出逐步递增趋势。其中，总资产中，低博士占比企业的平均值为3.70，高占比企业的平均值为4.12。就营业收入而言，低占比企业的平均值为3.59，高占比企业的平均值为3.92。就净利润而言，低占比企业的平均值为2.13，高占比企业的平均值为2.96，见表4-11。对于盈利企业来说，博士占比对企业挂牌当年年底总资产（$F=6.291$，$P=0.002$）、营业收入（$F=3.357$，$P=0.035$）与净利润（$F=4.092$，$P=0.017$）都具有显著性影响。其中，博士在技术团队中占比越高，总资产、营业收入和净利润也越高，见表4-12。

表 4-11　900家企业高学历技术人员在技术团队中的比例与企业业绩差异

业绩指标		低	中	高
总资产	平均数	3.70↓	3.81	4.12↑
	标准差	0.48	0.55	0.61
营业收入	平均数	3.59↓	3.66	3.92↑
	标准差	0.55	0.53	0.61
净利润	平均数	2.13↓	2.23	2.96↑
	标准差	1.25	1.31	1.08

注：↑/↓代表差异达到了显著性水平，↑代表高值，↓代表低值

第4章 新三板IT企业技术能力对企业经营和业绩的影响

表4-12 707家盈利企业高学历技术人员在技术团队中的比例与企业业绩差异

业绩指标		低	中	高
总资产	平均数	3.76↓	3.87	4.23↑
	标准差	0.45	0.51	0.53
营业收入	平均数	3.69↓	3.74	4.07↑
	标准差	0.47	0.51	0.51
净利润	平均数	2.73↓	2.83	3.26↑
	标准差	0.62	0.68	0.47

注：↑/↓代表差异达到了显著性水平，↑代表高值，↓代表低值

高学历技术人员在技术团队中的比例差异对企业挂牌当年年底的产品/服务创新性（$F=14.719, P=0.000$）、著作权数（$F=4.499, P=0.011$）和专利数量（$F=46.682, P=0.000$）都具有影响。就所有企业而言，博士从技术团队中占比低的企业到占比高的企业挂牌当年年底产品/服务创新性、著作权数和专利数量平均值呈现出逐步递增趋势。其中，产品/服务创新性方面，低博士占比企业的平均值为52.34，高占比企业的平均值为60.85。就著作权数而言，低占比企业的平均值为20.72，高占比企业的平均值为25.45。就专利数量而言，低占比企业的平均值为3.15，高占比企业的平均值为46.27。但是，并没有发现高学历技术人员在技术团队中的比例差异导致企业总资产增长率、营业收入增长率和净利润增长率差异的统计证据，见图4-17。

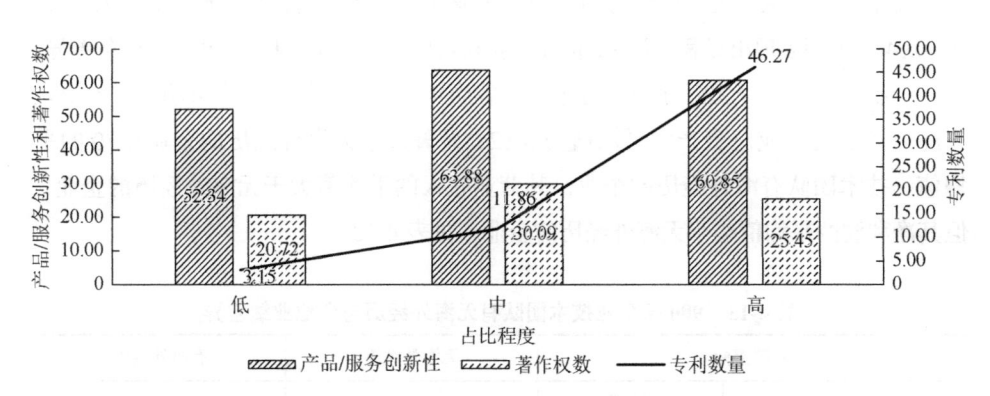

图4-17 900家企业高学历技术人员在技术团队中的比例与企业创新成果差异

基于以上分析，高学历技术人员在技术团队中的比例差异对IT等新兴技术领域企业的经营和业绩具有一定影响，高学历技术人员在技术团队中的占比越高，企业在总资产、营业收入、净利润、产品/服务创新性、著作权数、专利数量方面的表现也就更好。可能的原因是：第一，高学历技术人员无论是在科学知识还是社会阅历的沉淀上都比低学历人员强，知识和研究商业化的能力也就更强，由此为企业带来的创

新产出更多；第二，由于大多数新三板 IT 企业中没有博士学位的技术人员，各个企业的发展状况不相上下，在这种行业和市场背景下，拥有多个博士的企业更容易在市场中表现突出。

4.4.2 技术团队成员海外经历及其经营和业绩影响

由于有 54 家企业未提及技术团队情况，一家企业的团队信息错误，本节只对 900 家企业进行分析。首先比较有海外经历的技术团队与无海外经历的技术团队在经营和业绩方面的差异。技术团队无海外经历的企业有 808 家，占比为 89.8%，技术团队有海外经历的企业有 92 家，占比 10.2%，见图 4-18。

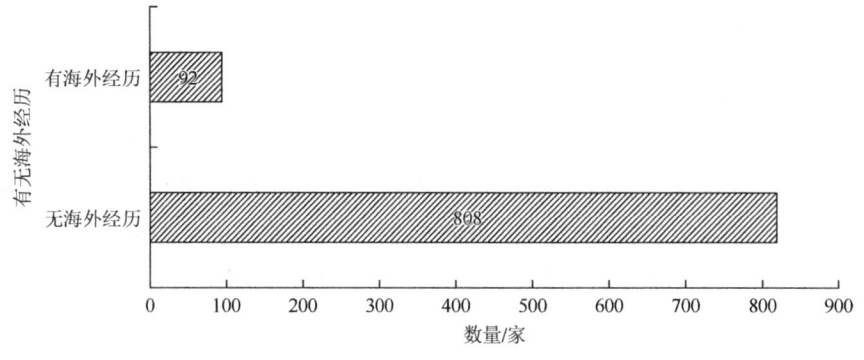

图 4-18　900 家企业技术团队有无海外经历人员数量分布

基于技术团队有无海外经历的分组，企业挂牌当年年底在总资产（$T=-1.999$，$P=0.048$）方面表现出显著性差异，但在营业收入与净利润方面未表现出显著性的差异。

企业技术团队有无海外经历对企业挂牌当年年底的总资产具有影响。技术团队有海外经历的企业总资产的平均值为 3.82，显著大于无海外经历的企业 3.70 的平均值。技术团队有海外经历的企业，其营业收入的平均值大于无海外经历的企业，但其净利润的平均值小于无海外经历的企业，见表 4-13。

表 4-13　900 家企业技术团队有无海外经历与企业业绩差异

业绩指标		无海外经历	有海外经历
总资产	平均数	3.70↓	3.82↑
	标准差	0.48	0.58
营业收入	平均数	3.60	3.64
	标准差	0.54	0.61
净利润	平均数	2.16	2.08
	标准差	1.24	1.41

注：↑/↓代表差异达到了显著性水平，↑代表高值，↓代表低值

第4章 新三板IT企业技术能力对企业经营和业绩的影响

基于技术团队有无海外经历的分组，企业在产品/服务创新性、著作权数、专利数量方面没有统计学上的显著性差异。两组企业的产品/服务创新性、著作权数相差不大；技术团队有海外经历的企业的专利数量平均值为9.74，远高于无海外经历的企业组3.79的平均值，见图4-19。

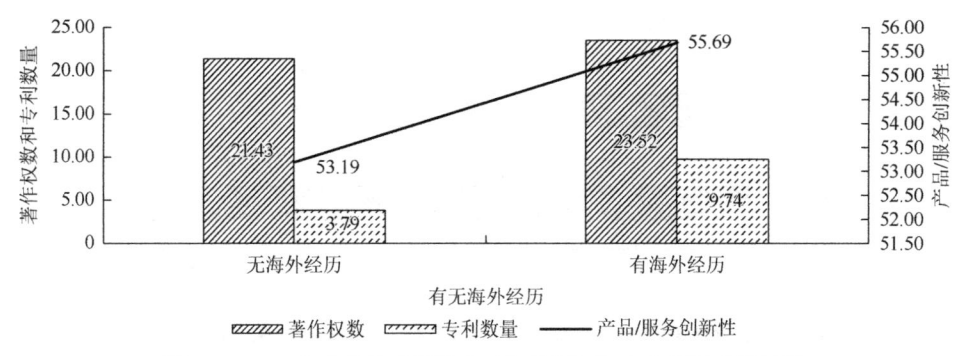

图 4-19 900家企业技术团队有无海外经历与企业创新成果差异

基于技术团队有无海外经历的分组，企业挂牌当年年底在总资产增长率（$T=1.674$，$P=0.095$）方面表现出显著性差异，但在营业收入增长率与净利润增长率方面未表现出显著性的差异。

企业技术团队有无海外经历对企业的总资产增长率具有影响。技术团队有海外经历的企业总资产增长率的平均值为0.08，显著低于无海外经历的企业0.13的平均值。两组企业在营业收入增长率和净利润增长率上极为接近，见表4-14。

表4-14 900家企业技术团队有无海外经历与企业业绩增长率差异

业绩指标		无海外经历	有海外经历
总资产增长率	平均数	0.13↑	0.08↓
	标准差	0.30	0.23
营业收入增长率	平均数	0.10	0.10
	标准差	0.32	0.44
净利润增长率	平均数	2.09	2.09
	标准差	0.16	0.02

注：↑/↓代表差异达到了显著性水平，↑代表高值，↓代表低值

然后，在技术团队中有海外学习或工作的成员的企业组中，我们比较海外经历人员在技术团队中占比的不同对于企业经营和业绩的影响。技术团队有海外经历的企业有92家，根据有海外经历的人员在技术团队中占比的异质性，将92家企业划分为三组，分别是高海外经历组（有海外经历的人员占比大于0.5）、中海外经历组（有

海外经历的人员占比介于0.3~0.5)、低海外经历组（有海外经历的人员占比小于0.3）。其中，低海外经历组的企业有49家，占比53.3%；中海外经历组的企业共计35家，占比38.0%；高海外经历组的企业有8家，占比8.7%，见图4-20。

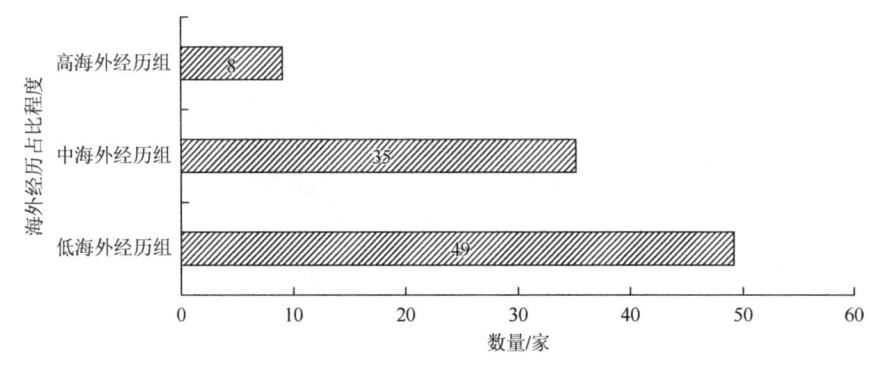

图4-20　92家技术团队中具有海外经历成员企业的海外经历人员占比分布

海外经历人员在技术团队中占比与企业挂牌当年年底的总资产（相关系数为-0.201，$P=0.054$）、营业收入（相关系数为-0.209，$P=0.046$）、净利润（相关系数为-0.216，$P=0.039$）上表现负相关关系。这一结果表明，技术团队中海外经历人员占比越高，其企业绩效可能反而不佳。基于海外经历人员在技术团队中占比情况的分组，企业挂牌当年年底在营业收入（$F=2.950$，$P=0.057$）方面表现出显著性差异。

海外经历人员在技术团队中占比对企业挂牌当年年底的总资产、营业收入具有影响。在总资产方面，随着海外经历人员在技术团队中占比的增加，企业总资产的平均值下降，如低、中、高组企业总资产的平均值分别为3.95、3.72、3.64。在营业收入方面，海外经历人员在技术团队中占比低的企业营业收入的平均值是3.78，显著高于其余两组的平均值。在净利润方面，随着海外经历人员在技术团队中占比的增加，企业净利润的平均值下降，见表4-15。

表4-15　92家企业海外经历人员在技术团队中占比与企业业绩差异

业绩指标		低海外经历组	中海外经历组	高海外经历组
总资产	平均数	3.95	3.72	3.64
	标准差	0.59	0.53	0.52
营业收入	平均数	3.78↑	3.47↓	3.57
	标准差	0.63	0.57	0.46
净利润	平均数	2.32	1.95	1.27
	标准差	1.38	1.41	1.39

注：↑/↓代表差异达到了显著性水平，↑代表高值，↓代表低值

基于海外经历人员在技术团队中占比的分组，企业在著作权数（$F = 4.023$，$P = 0.021$）上表现出显著性差异，但在产品/服务创新性、专利数量方面没有统计学上的显著性差异。三组企业在产品/服务创新性方面表现趋同。海外经历人员占比低的企业著作权数的平均值为 32.90，显著高于海外经历人员在技术团队中占比高的企业的著作权数的平均值。但在专利数量方面，海外经历人员在技术团队中占比中等的企业专利数量的平均值更高，如低、中、高三组的平均值分别为 6.73、13.66、12.25，见图 4-21。

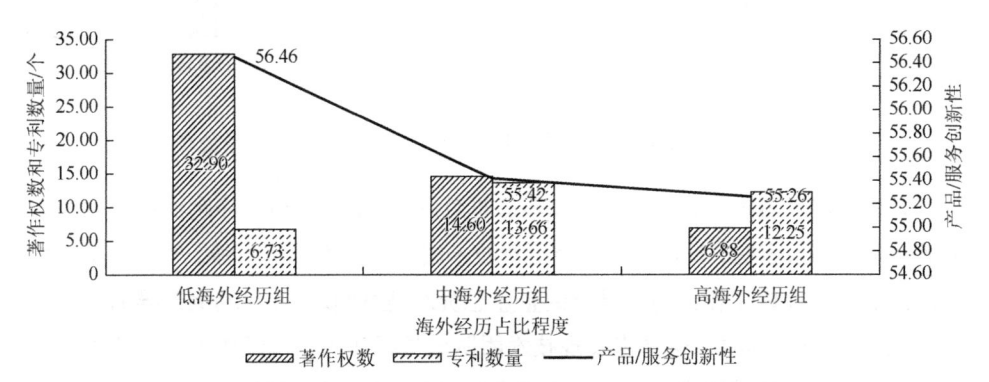

图 4-21　92 家企业海外经历人员在技术团队中占比与企业创新成果差异

基于海外经历人员在技术团队中占比的分组，企业挂牌当年年底没有在总资产增长率、营业收入增长率、净利润增长率方面表现出统计学上的显著性差异。

基于以上分析，技术团队有无海外经历人员、海外经历人员在团队中占比异质性，对企业绩效具有影响。可以初步形成的判断是：在 IT 等新兴技术领域，技术团队有海外经历的企业相较于没有海外经历的企业，其总资产更高，但其总资产增长率更低，两组企业在创新成果方面不存在显著性差异。相比于海外经历人员在技术团队中高占比的企业，海外经历人员占比较少的企业的营业收入和著作权数可能更高。可能的原因是：第一，总资产较高的企业拥有更多财富和资源，更容易招聘到具有海外经历的技术人员，或者将技术团队中部分人员送到海外学习、进修。第二，技术团队中具有海外经历的成员过多，而了解本地市场和中国国情的技术人员数量可能不足，开发的产品或服务可能不满足本地消费者预期，由此导致其企业业绩不够理想。

4.4.3　技术团队成员行业内工作经历及其经营和业绩影响

本节主要分析技术团队成员行业内工作经历及其经营和业绩影响。具体而言，新三板 IT 企业中技术团队成员行业内工作经历占比区间在 0~1，我们将这个比例分为三组，低行业内工作经历组（比例为 0）、中行业内工作经历组（比例为 0~0.5）和高行业内工作经历组（比例为 0.5~1.0）。57 家企业样本缺失该项数据，有效样本为 898 个。898 家新三板 IT 企业中，有 34 家企业技术团队成员行业内工作经历占比低，占比为 3.8%；有 106 家企业技术团队成员行业内工作经历占比中等，占比为 11.8%；有 758 家企业技术团队成员行业内工作经历占比高，占比为 84.4%，见图 4-22。

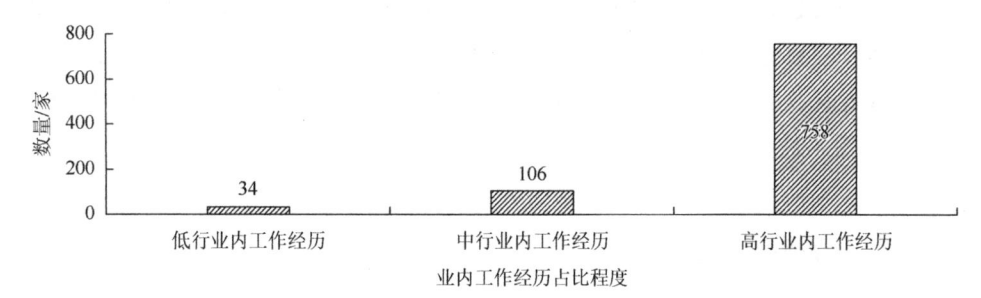

图 4-22　898 家企业技术团队成员具有行业内工作经历数量分布

首先，技术团队成员行业内工作经历与总资产、营业收入、净利润的相关性不显著。这一结果表明，行业内工作经历对技术团队的能力影响不强。并没有发现技术团队成员行业内工作经历差异导致企业总资产、营业收入和净利润差异的统计证据，见表 4-16。同时，也并未发现技术团队成员行业内工作经历差异导致盈利企业挂牌当年年底的总资产、营业收入和净利润差异的统计证据，见表 4-17。

表 4-16　898 家企业技术团队成员行业内工作经历与企业业绩差异

业绩指标		低	中	高
总资产	平均数	3.78	3.72	3.71
	标准差	0.51	0.51	0.48
营业收入	平均数	3.71	3.59	3.60
	标准差	0.65	0.62	0.53
净利润	平均数	2.55	2.13	2.14
	标准差	0.97	1.23	1.27

表 4-17　707 家盈利企业技术团队成员行业内工作经历与企业业绩差异

业绩指标		低	中	高
总资产	平均数	3.78	3.78	3.78
	标准差	0.50	0.49	0.46
营业收入	平均数	3.75	3.70	3.70
	标准差	0.62	0.49	0.46
净利润	平均数	2.79	2.68	2.75
	标准差	0.57	0.64	0.63

有行业工作经历的技术人员在技术团队中的比例差异对企业挂牌当年年底的产品/服务创新性（$F = 14.084$，$P = 0.000$）和专利数量（$F = 2.533$，$P = 0.080$）都具有影响。从有行业工作经历的技术人员在技术团队中占比低的企业到占比高的企业，挂牌当年年底产品/服务创新性平均值呈现出逐步递增趋势；而从有行业工作经历的技术人员在技术团队中占比低的企业到占比高的企业挂牌当年年底专利数量平均值呈现出递减趋势。其中，产品/服务创新性方面，低行业内工作经历的企业平均值为41.17，高行业内工作经历的企业平均值为54.74。就专利数量而言，低行业内工作经历的企业平均值为10.88，中行业内工作经历的企业平均值为4.11。但是，并没有发现企业技术团队成员行业内工作经历差异导致企业著作权数差异的统计证据，见图4-23。

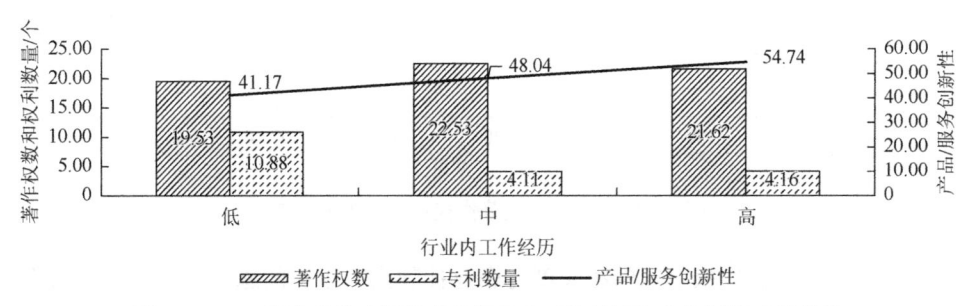

图4-23　898家企业技术团队成员行业内工作经历与企业创新成果差异

同时，并没有发现企业技术团队成员行业内工作经历差异导致企业总资产增长率、营业收入增长率和净利润增长率差异的统计证据。企业技术团队成员行业内工作经历占比低、中和高的企业在总资产增长率、营业收入增长率和净利润增长率之间并无显著性差异。

基于以上分析，企业技术团队成员行业内工作经历差异对IT等新兴技术领域企业的经营基本上不具有影响，对产品/服务创新性和专利数量影响较小。可能的原因是：IT等新兴技术领域具有开放度高和更新速度快的特点，其开发和运营模式有固定的范式，企业内部稳定性较强，即使人员流动率相对较高，企业的经营和业绩并不会因为人员流动而有很大变化。

4.5　企业技术资源相关度及其经营和业绩影响

4.5.1　企业著作权之间的相关度及其经营和业绩影响

本节主要分析企业著作权之间的相关度对企业业绩和经营情况的影响。具体而言，对企业获取的两项及以上的著作权之间的相关情况进行对比，将955家企业划分为四类：相关度低、相关度中、相关度高、无法判断（企业获取的著作权不足两项）。其中，有 84 家企业的著作权数量不足两项，之后将着重分析剩余的 871 家企业著作权之间的相关度对经营和业绩的影响。在 871 家企业中，有 648 家企业著作权具有很高的相关度，占比为 74.4%，有 184 家企业的著作权相关度一般，占比为 21.1%，有 39 家企业的著作权相关度较低，占比 4.5%，见图 4-24。由此可见，绝大多数的企业著作权之间都具有较高的相关度。

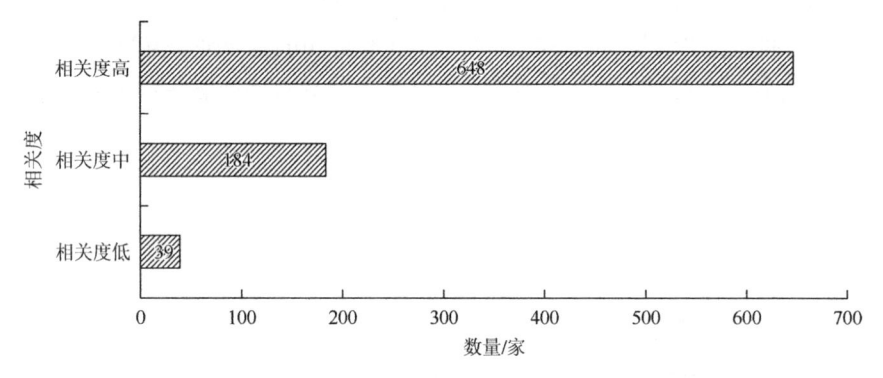

图 4-24　871 家企业著作权相关度数量分布

首先，企业著作权之间的相关度与企业挂牌当年年底的总资产（相关系数为 0.154，$P=0.000$）、营业收入（相关系数为 0.107，$P=0.002$）、净利润（相关系数为 0.087，$P=0.011$）呈正相关。就盈利企业而言，企业著作权之间的相关度与企业挂牌当年年底的总资产（相关系数为 0.207，$P=0.000$）、营业收入（相关系数为 0.147，$P=0.000$）、净利润（相关系数为 0.144，$P=0.000$）正相关更加强烈。基于著作权之间的相关度的分组在总资产（$F=8.872$，$P=0.000$）、营业收入（$F=3.399$，$P=0.034$）上表现出显著的差异。针对盈利企业而言，基于著作权之间的相关度的分组在总资产（$F=13.434$，$P=0.000$）、营业收入（$F=7.078$，$P=0.001$）、净利润（$F=5.579$，$P=0.004$）上表现出显著的差异。

企业著作权之间的相关度越高，企业挂牌当年年底的总资产、营业收入、净利润的平均数就越高。对于挂牌当年年底的总资产而言，著作权高相关度组的平均值为 3.75，高于其他两组，特别是大幅度高于著作权低相关度组的 3.57；对于营业收入而言，著作权高相关度组的平均值为 3.63，高于其他两组，特别是大幅度高于著作权低相关度组的 3.51；在著作权相关度分组上净利润的差异虽不显著，但高相关度组的平均数仍高于另外两组，见表 4-18。针对盈利企业而言，基于著作权相关度分组中总资产、营业收入、净利润的差异更加明显，其中，著作权高相关度组的净利润平均值为 2.80，高于其他两组，特别是大幅高于著作权低相关度组的 2.57，见表 4-19。

表 4-18　871 家企业著作权相关度与企业业绩差异

业绩指标		相关度低	相关度中	相关度高
总资产	平均数	3.57↓	3.60	3.75↑
	标准差	0.37	0.48	0.48
营业收入	平均数	3.51↓	3.53	3.63↑
	标准差	0.47	0.57	0.53
净利润	平均数	2.04	2.08	2.20
	标准差	1.16	1.20	1.27

注：↑/↓代表差异达到了显著性水平，↑代表高值，↓代表低值

表 4-19　746 家盈利企业著作权相关度与企业业绩差异

业绩指标		相关度低	相关度中	相关度高
总资产	平均数	3.61↓	3.64	3.84↑
	标准差	0.34	0.46	0.45
营业收入	平均数	3.57↓	3.59	3.74↑
	标准差	0.47	0.49	0.45
净利润	平均数	2.57↓	2.63	2.80↑
	标准差	0.56	0.62	0.62

注：↑/↓代表差异达到了显著性水平，↑代表高值，↓代表低值

其次，企业著作权之间的相关度与企业产品/服务创新性（相关系数为 0.262，$P = 0.000$）、著作权数（相关系数为 0.349，$P = 0.000$）和专利数量（相关系数为 0.069，$P = 0.041$）均呈现正相关关系。基于著作权相关度的分组在产品/服务创新性（$F = 21.536$，$P = 0.000$）、著作权数（$F = 19.454$，$P = 0.000$）方面表现出了显著差异。

企业著作权相关度越高，企业产品/服务创新性逐渐提升：著作权高相关度组的产品/服务创新性平均值为 57.03，高于中相关度组的 49.72 和低相关度组的 43.71。企业著作权相关度越高，企业著作权数逐步提升：著作权高相关度组的著作权数平均数为 25.40，高于中相关度组的 13.97 和低相关度组的 8.67。虽然基于著作权相关度分组上专利数量的差异并不显著，但企业著作权的相关度越高，其专利数量也越高，见图 4-25。

最后，并没有发现著作权相关度差异导致企业总资产增长率、营业收入增长率、净利润增长率差异的统计数据。

基于以上分析，企业著作权的相关度对于 IT 等新兴技术领域的企业发展十分重要。可以形成的初步判断是：企业著作权的相关度较高的企业业绩可能会高于企业

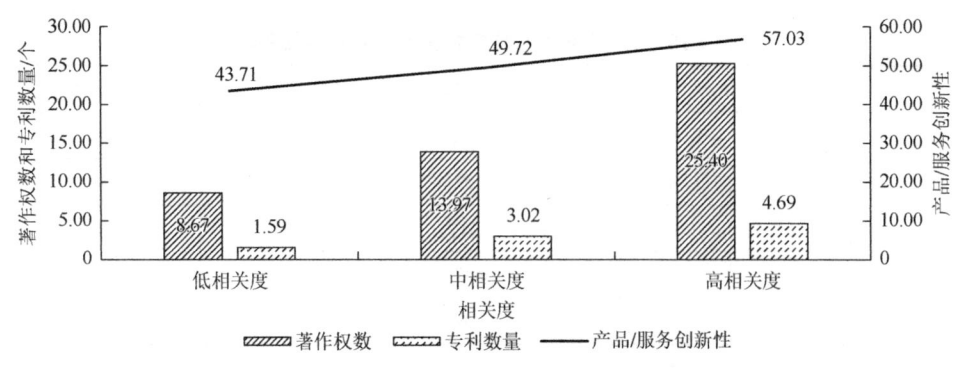

图 4-25　871 家企业著作权相关度与企业创新成果差异

著作权相关度较低的企业业绩。可能存在的原因是：企业著作权相关度越高，说明企业长期关注同一领域和相关领域的科学问题，深耕于相关领域的研究有助于企业实现在某一领域的专业化；同时，在相关领域进行资源投入和知识收集也能有效提升企业的资源配置效率。

4.5.2　企业专利权之间的相关度及其经营和业绩影响

本节主要分析企业专利权之间的相关度及其对企业业绩和经营情况的影响。具体而言，对企业获取的两项及以上的专利权之间的相关情况进行对比，将 955 家企业划分为四类：相关度低、相关度中、相关度高、无法判断（企业获取的专利数量不足两项）。其中，有 627 家企业的专利权数量不足两项，之后将着重分析剩余的 328 家企业专利权之间的相关度对经营和业绩的影响。在 328 家企业中，有 226 家企业专利权具有很高的相关度，占到了 68.9%，有 82 家企业的专利权相关度一般，占比 25.0%，有 20 家企业的专利权相关度较低，占比 6.1%。由此可见，在拥有两项及以上专利权的 328 家企业中，绝大多数的企业专利权之间都具有较高的相关度，见图 4-26。

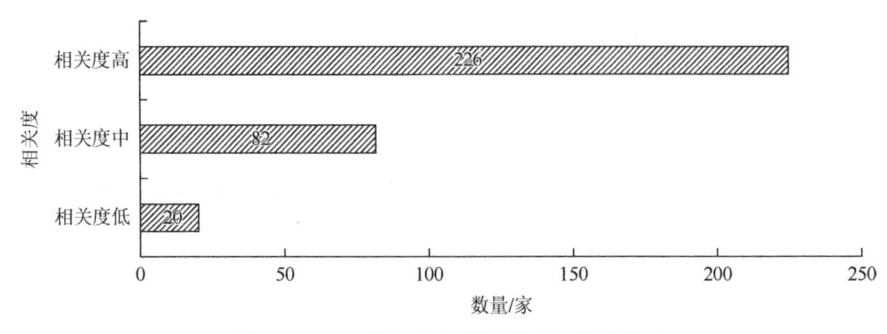

图 4-26　328 家企业专利权相关度数量分布

首先，企业专利权之间的相关度与企业挂牌当年年底的总资产（相关系数为

0.148，$P=0.007$）、营业收入（相关系数为 0.116，$P=0.036$）呈正相关。就盈利企业而言，企业专利权之间的相关度与企业挂牌当年年底的总资产（相关系数为 0.160，$P=0.008$）、营业收入（相关系数为 0.137，$P=0.023$）、净利润（相关系数为 0.159，$P=0.008$）存在显著正相关。基于专利权之间的相关度的分组在总资产（$F=4.684$，$P=0.010$）上表现出显著的差异。针对盈利企业而言，基于专利权之间的相关度的分组在总资产（$F=4.472$，$P=0.012$）、净利润（$F=3.904$，$P=0.021$）上表现出显著的差异。

企业专利权之间的相关度越高，企业挂牌当年年底的总资产、营业收入平均数就越高。对于挂牌当年年底的总资产而言，专利权高相关度组的平均值为 3.94，高于其他两组，特别是大幅度高于专利权低相关度组的 3.64；对于营业收入而言，专利权高相关度组的平均值为 3.77，高于其他两组，特别是大幅度高于专利权低相关度组的 3.56；在专利权相关度分组上净利润的差异虽不显著，但高相关度组平均数仍远高于低相关度组，见表 4-20。针对盈利企业而言，基于专利权相关度分组中总资产、营业收入、净利润的差异更加明显，其中，专利权高相关度组的净利润平均值为 2.88，高于其他两组，特别是大幅高于专利权低相关度组的 2.45，见表 4-21。

表 4-20　328 家企业专利权相关度与企业业绩差异

业绩指标		相关度低	相关度中	相关度高
总资产	平均数	3.64↓	3.85	3.94↑
	标准差	0.40	0.49	0.45
营业收入	平均数	3.56↓	3.71	3.77↑
	标准差	0.43	0.50	0.54
净利润	平均数	2.08	2.38	2.36
	标准差	1.00	1.16	1.25

注：↑/↓代表差异达到了显著性水平，↑代表高值，↓代表低值

表 4-21　272 家企业专利权相关度与企业业绩差异

业绩指标		相关度低	相关度中	相关度高
总资产	平均数	3.68↓	3.92	4.00↑
	标准差	0.36	0.46	0.44
营业收入	平均数	3.61↓	3.79	3.86↑
	标准差	0.41	0.46	0.46
净利润	平均数	2.45↓	2.79	2.88↑
	标准差	0.47	0.66	0.63

注：↑/↓代表差异达到了显著性水平，↑代表高值，↓代表低值

其次，企业专利权之间的相关度与企业产品/服务创新性（相关系数为 0.321，$P=0.000$）、著作权数（相关系数为 0.128，$P=0.020$）和专利数量（相关系数为 0.331，$P=0.000$）均呈现正相关关系。基于专利权相关度的分组在产品/服务创新性（$F=19.990$，$P=0.000$）、专利数量（$F=4.572$，$P=0.011$）方面表现出了显著差异。

企业专利权相关度越高，企业产品/服务创新性逐渐提升：专利权高相关度组的产品/服务创新性平均值为 63.20，高于中相关度组的 55.92 和低相关度组的 43.33。企业专利权相关度越高，企业专利数量逐步提升：专利权高相关度组的专利数量平均值为 15.03，高于中相关度组的 5.90 和低相关度组的 4.05。但是基于专利权相关度分组上著作权数量的差异并不显著，见图 4-27。

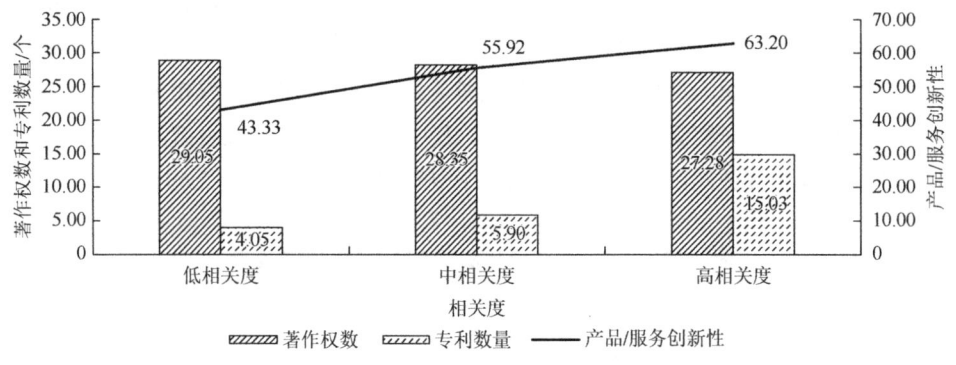

图 4-27　328 家企业专利权相关度与企业创新成果差异

最后，虽然发现基于专利权相关度的分组在企业营业收入增长率（$F=3.980$，$P=0.020$）方面表现出了显著差异，但是专利权相关度的分组与企业营业收入增长率不相关，且没有发现导致企业总资产增长率、净利润增长率差异的统计数据。

基于以上分析，可以形成以下初步判断：企业专利权的相关度较高的企业业绩可能会高于企业专利权相关度较低的企业业绩，且专利权相关度较高的企业的产品/服务创新性可能会高于专利权相关度较低的企业，其原因可能是：企业专利权相关度越高，说明企业更致力于研发业务，在研发的过程中会培养企业的创新能力，拥有良好创新能力的企业将会一直走在行业的前沿，使企业更加具有核心竞争力，从而实现良好的经营业绩。

4.6　企业获得认证或其他资质的情况及其经营和业绩影响

4.6.1　企业获得质量管理体系认证情况及其经营和业绩影响

本节主要分析企业获得质量管理体系认证的情况及其对经营和绩效的影响。具体而言，依据企业是否获取质量管理体系认证将955家企业划分为两类：获得质量管理体系认证组（是）和未获得质量管理体系认证组（否）。其中，获得质量管理体系认证的企业有470家，占49.2%，未获得质量管理体系认证的企业有485家，占50.8%，见图4-28。

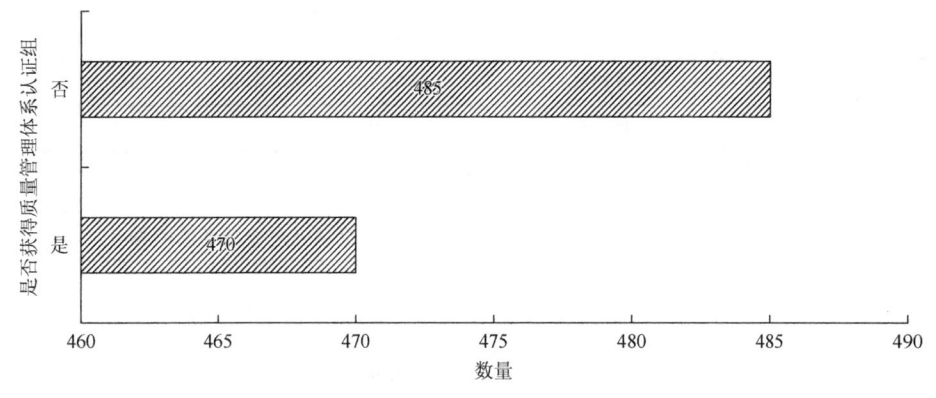

图4-28　955家企业获得质量管理体系认证情况数量分布

首先，企业是否获取质量管理体系认证与企业挂牌当年年底的总资产（相关系数为0.156，$P=0.000$）、营业收入（相关系数为0.158，$P=0.000$）和净利润（相关系数为0.126，$P=0.000$）呈正相关关系。就盈利企业而言，企业是否获取质量管理体系认证与企业挂牌当年年底的总资产（相关系数为0.162，$P=0.000$）、营业收入（相关系数为0.145，$P=0.000$）和净利润（相关系数为0.093，$P=0.011$）呈正相关关系。基于是否获取质量管理体系认证的分组，企业在总资产（$T=4.881$，$P=0.000$）、营业收入（$T=4.798$，$P=0.000$）和净利润（$T=3.964$，$P=0.000$）方面表现出显著性差异。就盈利企业而言，在总资产（$T=4.592$，$P=0.000$）、营业收入（$T=4.215$，$P=0.000$）和净利润（$T=2.937$，$P=0.003$）方面表现出显著性差异。

获取质量管理体系认证的企业在总资产、营业收入、净利润上的均值都高于未获取质量管理体系认证的企业。对于挂牌当年年底的总资产而言，获取质量管理体系认证企业的均值为3.79，高于未获取质量管理体系认证企业的3.64；对于挂牌当年年底的营业收入而言，获取质量管理体系认证的企业的均值为3.69，高于未获取质量管理认证企业的3.52；对于挂牌当年年底的净利润而言，获取质量管理体系认证企业的均值为2.31，高于未获取质量管理体系认证企业的1.99，见表4-22。对于盈利企业而言，获取质量管理体系认证企业的总资产、营业收入、净利润的均值分别为3.86、3.78、2.81，均高于未获取质量管理体系认证企业的总资产、营业收入、净利润的3.71、3.63、2.68，见表4-23。

表 4-22　955家企业是否获取质量管理体系认证与企业业绩差异

业绩指标		否	是
总资产	平均数	3.64↓	3.79↑
	标准差	0.50	0.47
营业收入	平均数	3.52↓	3.69↑
	标准差	0.60	0.49
净利润	平均数	1.99↓	2.31↑
	标准差	1.31	1.20

注：↑/↓代表差异达到了显著性水平，↑代表高值，↓代表低值

表 4-23　746家盈利企业是否获取质量管理体系认证与企业业绩差异

业绩指标		否	是
总资产	平均数	3.71↓	3.86↑
	标准差	0.46	0.44
营业收入	平均数	3.63↓	3.78↑
	标准差	0.51	0.44
净利润	平均数	2.68↓	2.81↑
	标准差	0.68	0.57

注：↑/↓代表差异达到了显著性水平，↑代表高值，↓代表低值

其次，是否获取质量管理体系认证与企业产品/服务创新性（相关系数为 0.224，$P=0.000$）、著作权数（相关系数为 0.267，$P=0.000$）、专利数量（相关系数为 0.243，$P=0.000$）呈现出正相关关系。基于是否获取质量管理体系认证分组，企业在产品/服务创新性（$T=6.787$，$P=0.000$）、著作权数（$T=4.844$，$P=0.000$）、专利数量（$T=2.720$，$P=0.007$）上表现出显著性差异。

具有质量管理体系认证的企业在产品/服务创新性上均值大于未获取质量管理体系认证的企业：获取质量管理体系认证的企业的产品/服务创新性均值为 57.39，未获取质量管理体系认证的企业的均值为 48.56。具有质量管理体系认证的企业在著作权数和专利数量上的均值高于未获取质量管理体系认证的企业：获取质量管理体系认证的企业著作权数和专利数量均值分别为 26.05 和 5.62，未获取质量管理体系认证企业分别为 17.60 和 3.29，见图 4-29。

最后，并未发现基于是否获取质量管理体系认证的分组在总资产增长率、营业收入增长率和净利润增长率的显著差异。

基于以上分析，企业是否获取质量管理体系认证对业绩具有一定影响。可以形成的初步判断是：一般而言，获取质量管理体系认证的企业在企业绩效上更优。可能的

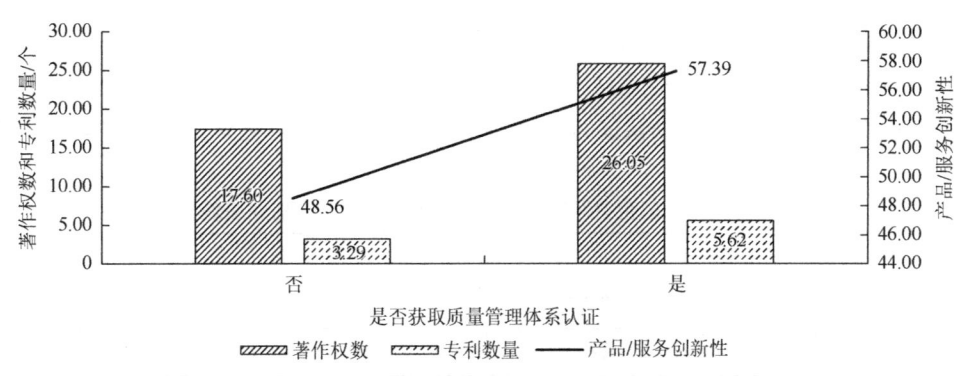

图 4-29　955 家企业获取质量管理体系认证与企业创新成果差异

原因是：一方面，要获取质量管理体系认证需要企业自身具有过硬的质量标准和质量水平，这是对企业内部产品或服务的内在要求；另一方面，质量管理体系认证向外部客户等利益相关者传递出质量保证的潜在信号，以获取外部合法性。

4.6.2　企业获得行业资质认证情况及其经营和业绩影响

本节主要分析企业行业资质认证的情况及其经营和业绩影响。具体而言，新三板 IT 企业中企业获得认证或其他资质的情况分为质量管理体系认证、行业资质认证和经营许可资质认证。955 家企业中，获得行业资质认证的有 828 家，占比为 86.7%；未获得行业资质认证的有 127 家，占比为 13.3%，见图 4-30。

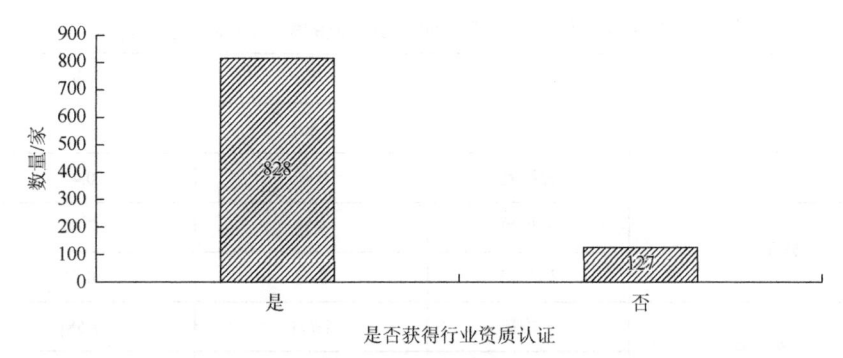

图 4-30　955 家企业获得行业资质认证情况数量分布

企业获得行业资质认证与总资产（相关系数为 –0.076，$P=0.018$）呈现负相关；企业获得行业资质认证与营业收入相关性不显著；企业获得行业资质认证与净利润（相关系数为 –0.097，$P=0.003$）呈现负相关。

企业获得行业资质认证的情况差异对企业挂牌当年年底的总资产和净利润都具有一定影响。首先，对于所有企业来说，企业获得行业资质认证的差异对企业挂牌当年年底的总资产（$T=2.049$，$P=0.041$）和净利润（$T=2.662$，$P=0.008$）具有影响。

具备行业资质认证的企业，相应的总资产和净利润的平均数也就更高。但是，企业获得行业资质认证的差异对企业挂牌当年年底的营业收入的影响并无统计学上的显著性，说明是否具备行业资质认证的企业之间营业收入无显著性差异，见表4-24。

表4-24　955家企业获得行业资质认证的情况与企业业绩差异

业绩指标		是	否
总资产	平均数	3.73↑	3.63↓
	标准差	0.48	0.52
营业收入	平均数	3.61	3.56
	标准差	0.53	0.65
净利润	平均数	2.19↑	1.87↓
	标准差	1.26	1.28

注：↑/↓代表差异达到了显著性水平，↑代表高值，↓代表低值

其次，对于盈利企业来说，就行业资质认证而言，企业获得行业资质认证的差异对企业挂牌当年年底的总资产（$T=2.12$，$P=0.034$）和净利润（$T=2.743$，$P=0.006$）具有影响。具备行业资质认证的企业，相应的总资产和净利润的平均数也就更高。但是，企业获得行业资质认证的差异对企业挂牌当年年底的营业收入的影响并无统计学上的显著性，见表4-25。

表4-25　746家盈利企业获得行业资质认证的情况与企业业绩差异

业绩指标		是	否
总资产	平均数	3.80↑	3.69↓
	标准差	0.46	0.44
营业收入	平均数	3.71	3.69
	标准差	0.47	0.51
净利润	平均数	2.77↑	2.58↓
	标准差	0.62	0.65

注：↑/↓代表差异达到了显著性水平，↑代表高值，↓代表低值

企业获得行业资质认证的情况差异对企业产品/服务创新性、著作权数和专利数量具有影响。企业获得行业资质认证的差异对企业产品/服务创新性（$T=7.799$，$P=0.000$）、著作权数（$T=5.309$，$P=0.000$）和专利数量（$T=2.407$，$P=0.016$）具有影响。具备行业资质认证的企业，相应的产品/服务创新性、著作权数和专利数量的平均数也就更高，见图4-31。

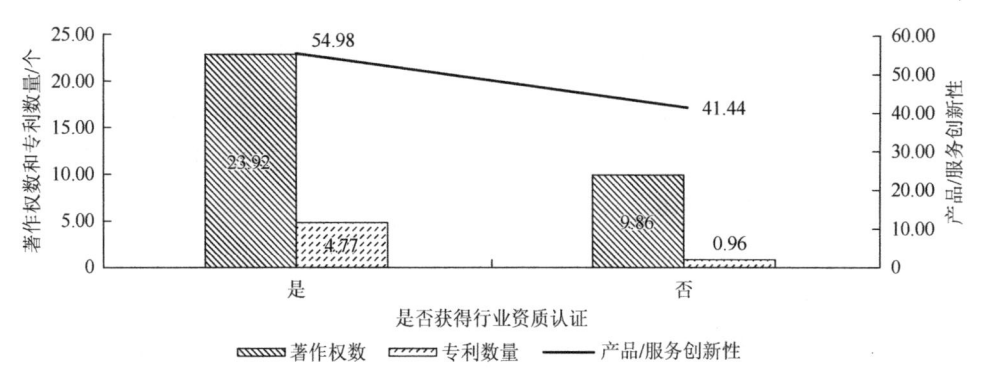

第4章　新三板IT企业技术能力对企业经营和业绩的影响

图4-31　955家企业获得行业资质认证的情况与企业创新成果差异

就行业资质认证而言，企业获得行业资质认证的情况差异对企业挂牌当年年底的总资产增长率（$T=-1.802$，$P=0.072$）和营业收入增长率（$T=-2.282$，$P=0.023$）具有影响。具备行业资质认证的企业，相应的总资产增长率和营业收入增长率的平均数更低。但是，企业获得行业资质认证的差异对企业挂牌当年年底的净利润增长率的影响并无统计学上的显著性，是否具备行业资质认证的企业之间净利润增长率无显著性差异，见图4-32。

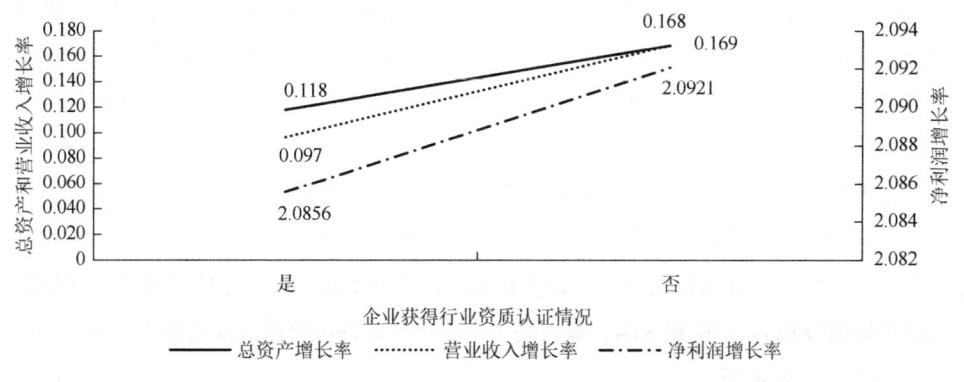

图4-32　955家企业获得行业资质认证的情况与企业业绩增长率差异

基于以上分析，企业行业资质认证的情况差异对IT等新兴技术领域企业的经营和业绩具有一定影响，特别是在产品/服务创新性、著作权数和专利数量上存在较大影响。可以初步形成的判断是：在IT等新兴技术领域，拥有行业资质认证的企业，其产品/服务创新性、著作权数以及专利数量明显优于不具备行业资质认证的企业。导致这种现象的原因可能是：第一，行业资质认证在一定程度上说是行业创新与生产合法性的保障，拥有该资质有利于激发IT等新兴技术领域企业的创新活力；第二，在企业拥有行业资质认证的前提下，企业若想获得广大消费者的认可，则需要积累更多资质（外显性）的材料展现自己在企业产品/服务方面的实力。

4.6.3 企业获得经营许可资质认证情况及其经营和业绩影响

本节主要分析企业获得经营许可认证与否对于企业业绩和经营的影响。具体而言，新三板 IT 企业获得经营许可资质的有 786 家，占比为 82.3%；未获得经营许可资质的企业有 169 家，占比为 17.7%，见图 4-33。

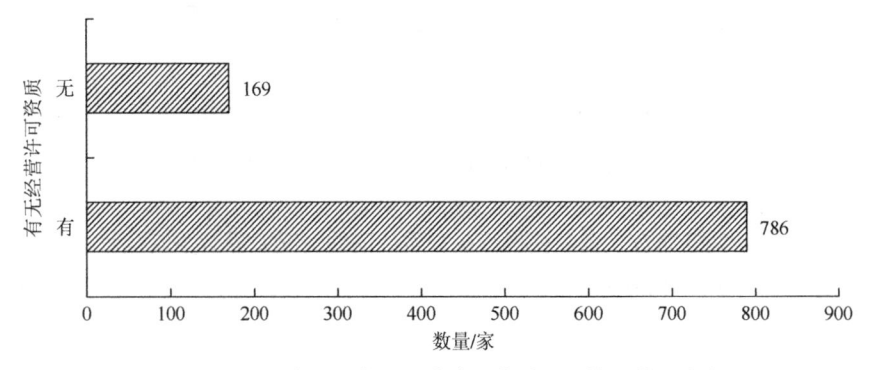

图 4-33 955 家企业获得经营许可资质认证情况数量分布

企业是否获得经营许可资质认证与企业挂牌当年年底的总资产（相关系数为 0.199，$P=0.000$）、营业收入（相关系数为 0.152，$P=0.000$）、净利润（相关系数为 0.069，$P=0.034$）上表现为正相关关系。这一结果表明，获得经营许可资质认证的企业，其企业经营与业绩更好。基于企业是否获得经营许可资质认证的分组，企业挂牌当年年底在总资产（$T=-5.774$，$P=0.000$）、营业收入（$T=-4.368$，$P=0.000$）方面表现出显著性差异。

企业是否获得经营许可资质认证对企业挂牌当年年底的总资产、营业收入、净利润具有影响，拥有经营许可资质认证的企业的总资产、营业收入、净利润的平均值均高于未获得经营许可认证的企业，如拥有经营许可资质认证的企业的总资产、营业收入的平均值分别为 3.76 和 3.64，显著高于未获得经营许可资质认证的企业 3.52、3.44 的平均值，见表 4-26。

表 4-26 955 家企业是否获得经营许可资质认证与企业业绩差异

业绩指标		否	是
总资产	平均数	3.52↓	3.76↑
	标准差	0.45	0.49
营业收入	平均数	3.44↓	3.64↑
	标准差	0.53	0.55
净利润	平均数	2.07	2.16
	标准差	1.16	1.29

注：↑/↓代表差异达到了显著性水平，↑代表高值，↓代表低值

企业是否获得经营许可资质认证与企业产品/服务创新性（相关系数为 0.098，$P=0.002$）、著作权数（相关系数为 0.177，$P=0.000$）、专利数量（相关系数为 0.107，$P=0.001$）上表现为正相关关系。这一结果表明，获得经营许可资质认证的企业，在创新方面做得更好。基于企业是否获得经营许可资质认证的分组，企业在产品/服务创新性（$T=-3.019$，$P=0.003$）、著作权数（$T=-4.484$，$P=0.000$）、专利数量（$T=-4.395$，$P=0.000$）方面表现出显著性差异。

企业是否获得经营许可资质认证对企业挂牌当年年底的产品/服务创新性、著作权数、专利数量具有影响。拥有经营许可资质认证的企业的产品/服务创新性、著作权数、专利数量的平均值均显著高于未获得经营许可认证的企业，如拥有经营许可资质认证的企业的产品/服务创新性、著作权数、专利数量的平均值分别为 54.02、22.58、4.82，而未获得经营许可认证的企业的对应平均值分别为 49.24、14.68、1.64，见图 4-34。

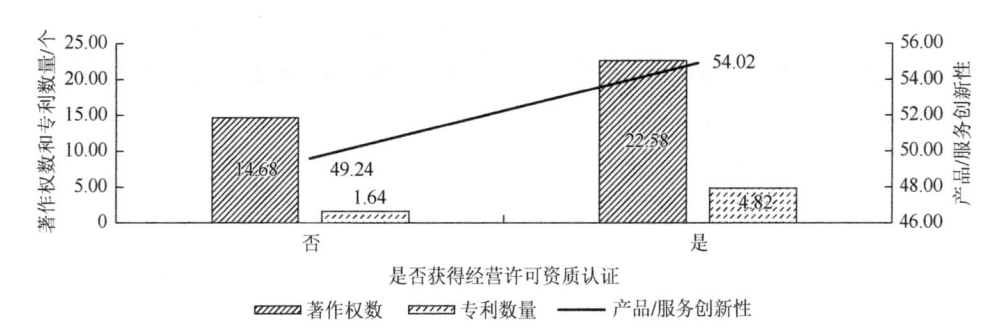

图 4-34　955 家企业获得经营许可资质认证的情况与企业创新成果差异

基于企业是否获得经营许可资质认证的分组，企业在挂牌当年年底的总资产增长率（$T=2.077$，$P=0.038$）、营业收入增长率（$T=1.872$，$P=0.063$）方面表现出显著性差异，但在净利润增长率上表现出显著性差异。

企业是否获得经营许可资质认证对企业挂牌当年年底的总资产增长率、营业收入增长率具有影响。未获得经营许可资质认证的企业的总资产增长率、营业收入增长率、净利润增长率的平均值均高于已获得经营许可认证的企业。例如，未获得经营许可资质认证的企业的总资产增长率的平均值为 0.167，显著高于拥有经营许可认证的企业 0.115 的平均值；未获得经营许可资质认证的企业的营业收入增长率的平均值为 0.163，显著高于拥有经营许可认证的企业 0.094 的平均值，见图 4-35。这表明未获得经营许可资质认证的企业在业绩方面仍存在很大的进步空间。

基于以上分析，企业是否获得经营许可资质认证对企业业绩具有影响。可以初步形成的判断是：在 IT 等新兴技术领域，拥有经营许可资质认证的企业业绩更佳，表

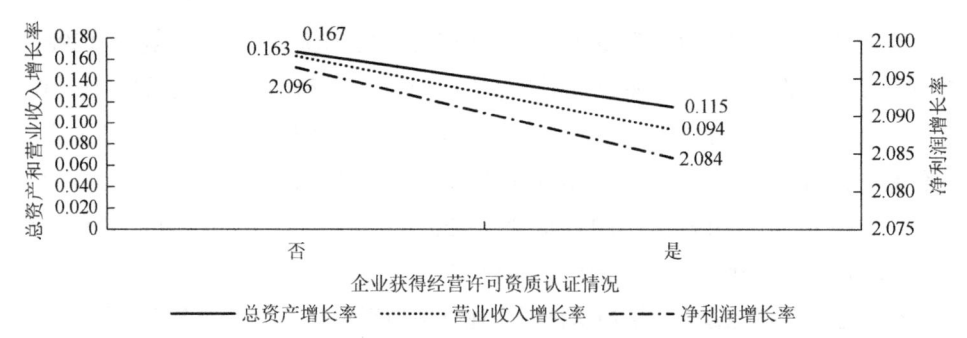

图 4-35　955 家企业获得经营许可资质认证的情况与企业业绩增长率差异

现为其总资产、营业收入、净利润更高；同时拥有经营许可资质认证的企业创新成果更多；但是未获得经营许可认证的企业的总资产增长率、营业收入增长率可能更高。可能的原因是：第一，企业拥有经营许可资质认证，往往代表着企业拥有更系统的经营体系，更专业的产品标准，更丰富的经营企业的相关经验，而这些知识与资源也会助力企业生成理想的业绩。第二，未获得经营许可认证的企业，可能没有专业的技术团队，或者产品质量有待提升，这些企业可能尚处于成长期，其业绩往往拥有更高的增长空间。

第 5 章

新三板 IT 企业技术能力与商业模式创新表现

不同企业之间甚至产品或服务相似企业之间在商业模式和商业模式创新上都存在一定差异。有效的商业模式创新能为企业带来意想不到的竞争优势。一方面，商业模式创新效率维度侧重于对已有内外部成本结构优化；另一方面，商业模式创新新颖维度侧重于对已有价值创造结构重塑升级。那么，新三板不同类型 IT 企业在商业模式创新表现上是否存在差异？技术能力对商业模式创新有何影响？商业模式创新是否会进一步影响企业的产品创新性？这是我们关注的另一个重点问题，本章的技术路线见图 5-1。

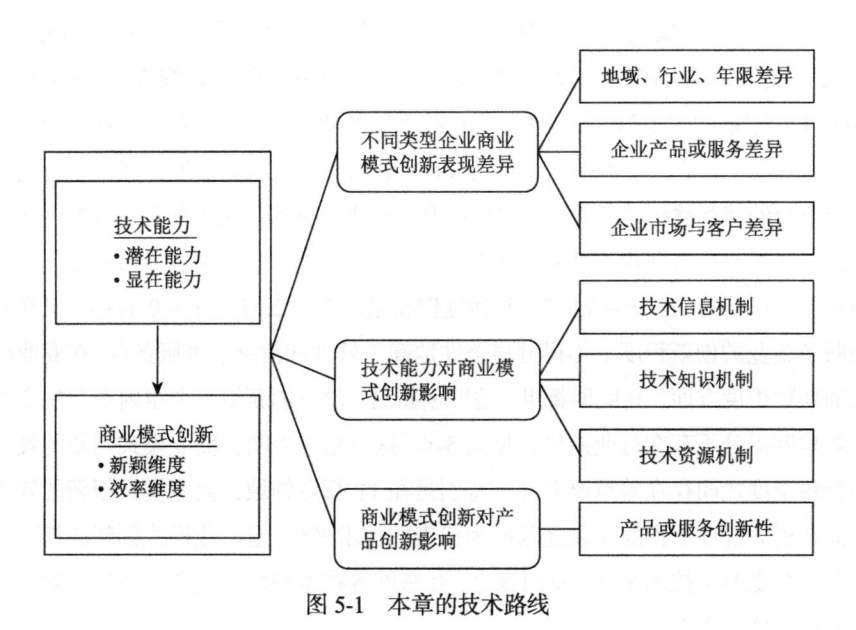

图 5-1 本章的技术路线

5.1 商业模式创新表现差异分析

基于商业模式效率维度可分为三组：效率得分等于或大于 0.50 为高度创新企业组，有 281 家，占比为 29.4%；效率得分介于 0.25～0.50 为适度创新企业组，有

614 家，占比为 64.3%；效率得分介于 0～0.25 为没有创新企业组，有 60 家，占比 6.3%。基于商业模式新颖维度可分为三组：新颖得分等于或大于 0.50 为高度创新企业组，有 152 家，占比为 15.9%；新颖得分介于 0.25～0.50 为适度创新企业组，有 713 家，占比为 74.7%；新颖得分介于 0～0.25 为没有创新企业组，有 90 家，占比为 9.4%，见图 5-2。

(a) 商业模式创新效率维度分组

(b) 商业模式创新新颖维度分组

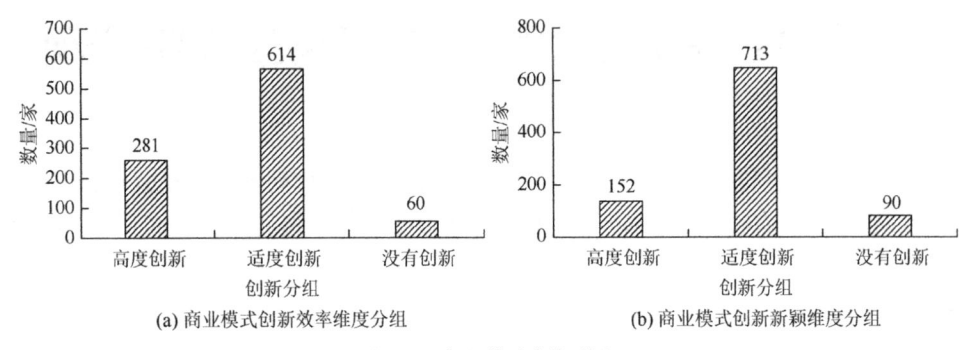

图 5-2　商业模式创新分组

5.1.1　商业模式创新差异的一般性分析

955 家企业商业模式创新程度存在着行业差异。从总体来看，互联网和相关服务内企业商业模式的效率维度（$T = -15.890$，$P = 0.000$）和新颖维度（$T = -3.311$，$P = 0.001$）创新得分均值高于软件和信息技术服务业，并且这一差异存在着统计上的显著性。与软件和信息技术服务业相比较，互联网和相关服务借助互联网平台更容易实现企业与外部利益相关者的交易效率提升，也更容易实现跨界的价值内容创新。具体而言，在商业模式创新的效率维度方面，不同创新水平之间存在着行业差异：在高度创新组（$T = -3.823$，$P = 0.000$）和适度创新组（$T = -2.048$，$P = 0.041$），互联网和相关服务企业的创新程度平均得分显著性地高于软件和信息技术服务业；在商业模式创新的新颖维度方面，高度创新组、适度创新组、没有创新组三个组内企业的商业模式创新程度得分不存在行业差异，见表 5-1。这一结果表明，商业模式创新的效率维度和新颖维度之间存在着重要差异，特别是在 IT 行业领域，商业模式创新的效率维度可能在更大程度上得益于以互联网为代表的技术平台，但商业模式创新的新颖维度似乎并不会受制于技术平台，总而言之，互联网等技术平台应用并不必然导致商业模式在新颖维度的创新。

955 家企业商业模式创新的效率维度（$F = 3.878$，$P = 0.002$）和创新维度（$F = 2.105$，$P = 0.063$）还存在着地区差异：京津冀地区、长三角地区、珠三角地区和西部地区是商业模式效率维度创新较高的区域，京津冀地区、长三角地区和珠三角地区是商业模式创新维度创新较高的区域。从商业模式创新的效率维度来看，地区间

表 5-1　955 家企业商业模式创新程度的行业差异

组别		效率维度		新颖维度	
		互联网和相关服务	软件和信息技术服务业	互联网和相关服务	软件和信息技术服务业
所有企业	平均值	0.56↑	0.38↓	0.39↑	0.36↓
	标准差	0.18	0.14	0.14	0.11
高度创新	平均值	0.68↑	0.63↓	0.60	0.59
	标准差	0.09	0.09	0.06	0.07
适度创新	平均值	0.34↑	0.33↓	0.35	0.35
	标准差	0.06	0.06	0.05	0.05
没有创新	平均值	0.20	0.22	0.20	0.19
	标准差	0.03	0.03	0.06	0.06

注：↑/↓代表差异达到了显著性水平，↑代表高值，↓代表低值

差异集中体现为东北地区和中部地区，东北地区和中部地区在商业模式创新的效率维度得分均值最低，同时这两个地区之间不存在显著差异，见表 5-2。这一结果与我国经济社会发展的地区差异基本一致，京津冀地区、长三角地区、珠三角地区和西部地区，目前来看是互联网等新兴行业更加集中和发达的地区。

表 5-2　955 家企业商业模式创新程度的地区差异

地区	效率维度		新颖维度	
	平均值	标准差	平均值	标准差
东北地区	0.33	0.12	0.35	0.14
京津冀地区（含山东）	0.41	0.17	0.38	0.12
长三角地区（含上海）	0.44	0.18	0.37	0.12
珠三角地区（含海南）	0.44	0.18	0.38	0.11
西部地区（含重庆）	0.42	0.16	0.36	0.12
中部地区	0.37	0.14	0.34	0.10

在商业模式创新的新颖维度，京津冀地区、长三角地区和珠三角地区构成了商业模式新颖维度创新较高的区域，而东北地区、西部地区和中部地区则构成了商业模式新颖维度创新较低的区域。特别是，中部地区的企业在商业模式新颖维度的创新得分平均值显著性地低于京津冀地区、长三角地区和珠三角地区，但东北地区和西部地区与这三个地区之间不存在显著性差异。这一结果再次验证了商业模式创新的效率维度、新颖维度的差异，这一差异不仅表现在效率维度和新颖维度创新的难易程度，而且更有可能表现为两者之间的驱动因素存在着重要差异。

955家企业商业模式创新程度存在着年限差异。从总体来看，8年以内企业商业模式的效率维度（$T=5.841$，$P=0.000$）创新得分均值高于8年及以上企业，并且这一差异存在着统计上的显著性。具体而言，在商业模式创新的效率维度方面，不同创新水平之间存在着年限差异：在高度创新组（$T=2.193$，$P=0.029$）8年以内企业的创新程度平均值显著性地高于8年及以上企业；在商业模式创新的新颖维度方面，高度创新组、适度创新组、没有创新组等三个组内企业的商业模式创新程度得分不存在着年限差异，见表5-3。这一结果表明，商业模式创新的效率维度和新颖维度之间存在着重要差异，特别是在，商业模式创新的效率维度可能在更大程度上得益于企业的经营年限，但商业模式创新的新颖维度似乎并不会受制于企业年限的差异，总而言之，企业年限并不必然导致商业模式在新颖维度的创新。

表5-3　955家企业商业模式创新程度的年限差异

组别		效率维度		新颖维度	
		8年以内	8年及以上	8年以内	8年及以上
所有企业	平均值	0.45↑	0.39↓	0.38	0.37
	标准差	0.18	0.15	0.13	0.11
高度创新	平均值	0.67↑	0.64↓	0.60	0.59
	标准差	0.09	0.09	0.07	0.06
适度创新	平均值	0.33	0.33	0.34	0.35
	标准差	0.06	0.06	0.05	0.05
没有创新	平均值	0.22	0.22	0.19	0.20
	标准差	0.03	0.04	0.06	0.05

注：↑/↓代表差异达到了显著性水平，↑代表高值，↓代表低值

5.1.2　基于产品或服务角度的商业模式创新比较

955家企业商业模式创新程度存在着产品或服务类别差异。从总体来看，基于产品或服务类别的分组，企业在商业模式效率维度（$F=6.185$，$P=0.002$）上表现出显著性差异，服务类别企业效率维度的平均值为0.49，显著高于两者兼有企业0.41的平均值。对于高度创新企业来说，基于产品或服务类别的分组，企业在商业模式效率维度（$F=3.817$，$P=0.023$）上表现出显著性差异，产品类企业、服务类企业的效率维度得分远高于两者兼有企业。对于适度创新企业来说，基于产品或服务类别的分组，企业在商业模式效率维度（$F=4.970$，$P=0.007$）上表现出显著性差异，服务类企业的效率维度得分显著高于其他两个企业组，见表5-4。

表 5-4　955 家企业商业模式创新程度的产品或服务类别差异

组别		效率维度			新颖维度		
		产品	服务	两者兼有	产品	服务	两者兼有
所有企业	平均值	0.42	0.49↑	0.41↓	0.36	0.35	0.37
	标准差	0.18	0.18	0.17	0.12	0.13	0.12
高度创新企业	平均值	0.69↑	0.69↑	0.65↓	0.59	0.58	0.59
	标准差	0.09	0.11	0.09	0.07	0.06	0.06
适度创新企业	平均值	0.33↓	0.36↑	0.33↓	0.34	0.34	0.35
	标准差	0.05	0.06	0.06	0.05	0.05	0.05
没有创新企业	平均值	0.23	—	0.22	0.19	0.20	0.19
	标准差	0.03	—	0.03	0.05	0.03	0.06

注：↑/↓代表差异达到了显著性水平，↑代表高值，↓代表低值

从总体来看，基于产品或服务类别的分组，企业在商业模式新颖维度上未表现出显著性差异。在商业模式创新的新颖维度方面，高度创新企业组、适度创新企业组、没有创新企业组的商业模式创新程度得分均不存在产品与服务类别的显著差异。

这一结果表明，商业模式创新的效率维度和新颖维度之间存在差异，服务类企业在效率维度上得分最高，两者兼有企业在效率维度上得分最低，而产品、服务、两者兼有三类企业在新颖维度上得分不存在显著差异。

955 家企业商业模式创新程度存在着技术主导性差异。从总体来看，基于技术主导性的分组，企业在商业模式效率维度（$T=-2.878$，$P=0.005$）和商业模式新颖维度（$T=2.545$，$P=0.012$）上表现出显著性差异，技术主导企业在新颖维度上的得分显著高于非技术主导企业，但技术主导企业在效率维度上的得分显著低于非技术主导企业。具体来说，对于高度创新企业来说，基于产品或服务的技术主导性的分组，企业在商业模式效率维度（$T=-1.988$，$P=0.048$）上表现出显著性差异，非技术主导类企业的效率维度得分的平均值为 0.68，显著高于技术主导类企业 0.65 的平均值。对于适度创新企业来说，基于技术主导性的分组，企业在商业模式效率维度和新颖维度上没有表现出显著性差异；技术主导性企业与非技术主导性企业在效率维度上的得分十分接近，其平均值均为 0.33，在新颖维度上的得分差别不大。对于没有创新企业来说，基于产品或服务的技术主导性的分组，企业在商业模式新颖维度（$T=1.758$，$P=0.082$）上表现出显著性差异，技术主导类企业的新颖维度得分的平均值为 0.20，显著高于非技术主导类企业 0.18 的平均值，见表 5-5。

表 5-5 955 家企业商业模式创新程度的技术主导性差异

组别		效率维度		新颖维度	
		技术主导	非技术主导	技术主导	非技术主导
所有企业	平均值	0.41↓	0.47↑	0.38↑	0.34↓
	标准差	0.17	0.20	0.11	0.14
高度创新企业	平均值	0.65↓	0.68↑	0.59	0.59
	标准差	0.09	0.10	0.06	0.08
适度创新企业	平均值	0.33	0.33	0.35	0.34
	标准差	0.06	0.06	0.05	0.06
没有创新企业	平均值	0.22	0.23	0.20↑	0.18↓
	标准差	0.03	0.02	0.05	0.07

注：↑/↓代表差异达到了显著性水平，↑代表高值，↓代表低值

955 家企业商业模式创新程度存在产品或服务的生产方式的差异。从总体来看，基于产品或服务的生产方式的分组，企业在商业模式效率维度（$F=13.850$，$P=0.000$）上表现出显著性差异，标准化企业在商业模式效率维度上得分的平均值为 0.47，显著大于定制化企业 0.38 的平均值。

具体来说，对于高度创新企业来说，基于产品或服务的生产方式的分组，企业在商业模式效率维度（$F=7.445$，$P=0.001$）上表现出显著性差异；标准化企业在商业模式效率维度上得分的平均值为 0.68，显著大于定制化企业在效率维度上得分的平均值。对于没有创新企业来说，基于产品或服务的生产方式的分组，企业在商业模式效率维度（$F=2.829$，$P=0.067$）上表现出显著性差异，定制化企业在商业模式效率维度上的得分远高于标准化企业和一定程度定制企业。对于适度创新企业来说，基于产品或服务的生产方式的分组，企业在商业模式新颖维度（$F=2.987$，$P=0.051$）上表现出显著性差异；定制化企业在商业模式新颖维度上的得分的平均值为 0.36，远高于标准化企业和一定程度定制企业的得分平均值，见表 5-6。

表 5-6 955 家企业商业模式创新程度存在产品或服务的生产方式的差异

组别		效率维度			新颖维度		
		标准化	一定程度定制	定制化	标准化	一定程度定制	定制化
所有企业	平均值	0.47↑	0.42	0.38↓	0.37	0.37	0.37
	标准差	0.20	0.17	0.13	0.13	0.12	0.11
高度创新企业	平均值	0.68↑	0.66	0.61↓	0.61	0.59	0.58
	标准差	0.09	0.10	0.08	0.07	0.07	0.05

续表

组别		效率维度			新颖维度		
		标准化	一定程度定制	定制化	标准化	一定程度定制	定制化
适度创新企业	平均值	0.33	0.33	0.33	0.34↓	0.34↓	0.36↑
	标准差	0.06	0.05	0.06	0.05	0.05	0.06
没有创新企业	平均值	0.22↓	0.22	0.24↑	0.19	0.20	0.19
	标准差	0.03	0.04	0.01	0.05	0.06	0.05

注：↑/↓代表差异达到了显著性水平，↑代表高值，↓代表低值

基于以上分析，新三板 IT 企业商业模式创新在不同的产品/服务类型组别上表现出了差异。可以初步形成的判断是：服务类企业在商业模式效率维度上的表现优于两者兼有类企业；技术主导企业在新颖维度上的表现优于非技术主导企业，但技术主导企业在效率维度上的表现次于非技术主导企业；标准化企业在商业模式效率维度上的表现优于定制化企业。这也表明了商业模式在效率维度和新颖维度方面存在差异。

5.1.3 基于市场与客户角度的商业模式创新比较

955 家企业商业模式创新程度在客户分散程度上存在差异。对于所有企业来说，基于客户分散程度的分组，企业在商业模式创新效率维度（$F = 3.224$，$P = 0.039$）上存在显著差异，客户分散程度高的组效率维度均值 0.45 显著高于客户分散程度低的组均值 0.41，但在新颖维度上差异不显著。对于高度创新企业来说，基于客户分散程度的分组，企业在商业模式创新效率维度和新颖维度上都不显著。对于适度创新企业来说，企业在商业模式创新效率维度上差异不显著，但在新颖维度（$F = 2.676$，$P = 0.07$）上存在显著差异，客户分散程度高的组新颖维度均值为 0.36，显著高于客户分散程度低的组均值 0.34。对于没有创新企业来说，基于客户分散程度的分组，企业在商业模式创新效率维度和新颖维度上都不显著，见表 5-7。

表 5-7　企业商业模式创新程度与客户分散程度

组别		效率维度			新颖维度		
		低	中	高	低	中	高
所有企业	平均值	0.41↓	0.41	0.45↑	0.36	0.37	0.38
	标准差	0.17	0.16	0.18	0.12	0.12	0.12
高度创新企业	平均值	0.66	0.65	0.66	0.58	0.60	0.61
	标准差	0.10	0.09	0.09	0.06	0.06	0.07

续表

组别		效率维度			新颖维度		
		低	中	高	低	中	高
适度创新企业	平均值	0.33	0.33	0.33	0.34↓	0.34	0.36↑
	标准差	0.06	0.06	0.06	0.05	0.05	0.05
没有创新企业	平均值	0.22	0.22	0.22	0.19	0.20	0.20
	标准差	0.03	0.03	0.04	0.05	0.05	0.05

注：↑/↓代表差异达到了显著性水平，↑代表高值，↓代表低值

955家企业商业模式创新程度在产品或服务独特性上存在差异。对于所有企业来说，基于产品或服务独特性程度的分组，企业在商业模式创新效率维度上的差异不显著，在新颖维度上存在显著差异（$F=23.065$，$P=0.000$），产品或服务独特性高的组在商业模式新颖维度上均值显著高于独特性低的组。对于高度创新企业来说，基于产品或服务独特性分组，企业在商业模式创新效率维度（$F=12.875$，$P=0.000$）上存在显著差异，产品或服务独特性低的组均值显著高于独特性高的组，在新颖维度上差异不显著。对于适度创新企业来说，企业在商业模式创新效率维度（$F=22.377$，$P=0.000$）和新颖维度（$F=18.266$，$P=0.000$）上存在显著差异，产品或服务独特性高的组均值显著高于独特性低的组。对于没有创新企业来说，基于产品或服务独特性分组，企业在商业模式创新效率维度上不存在显著差异，而在新颖维度（$F=11.075$，$P=0.000$）上存在显著差异，产品或服务独特性高的组均值显著高于独特性低的组，见表5-8。

表5-8 企业商业模式创新程度与产品或服务独特性

组别		效率维度			新颖维度		
		低	中	高	低	中	高
所有企业	平均值	0.32	0.36	0.40	0.40↓	0.43↑	0.42
	标准差	0.14	0.11	0.12	0.20	0.17	0.16
高度创新企业	平均值	0.73↑	0.65	0.65↓	0.59	0.59	0.59
	标准差	0.09	0.08	0.10	0.06	0.06	0.07
适度创新企业	平均值	0.30↓	0.33	0.34↑	0.33↓	0.34	0.36↑
	标准差	0.05	0.06	0.06	0.05	0.04	0.06
没有创新企业	平均值	0.23	0.22	0.22	0.16↓	0.21	0.22↑
	标准差	0.03	0.03	0.04	0.06	0.04	0.04

注：↑/↓代表差异达到了显著性水平，↑代表高值，↓代表低值

955家企业商业模式创新程度基本上在主营业务收入来源的市场相关度上不存在差异。不管是所有企业，还是商业模式创新企业和商业模式未创新企业，基于主营业务收入来源的市场相关度分组，企业在商业模式创新的效率维度和新颖维度都不存在显著差异，见表5-9。

表5-9 企业商业模式创新程度与主营业务收入来源的市场相关度

组别		效率维度			新颖维度		
		低	中	高	低	中	高
所有企业	平均值	0.43	0.42	0.42	0.35	0.37	0.37
	标准差	0.18	0.17	0.17	0.11	0.12	0.12
高度创新企业	平均值	0.64	0.66	0.66	0.60	0.58	0.60
	标准差	0.11	0.08	0.10	0.06	0.06	0.07
适度创新企业	平均值	0.32	0.33	0.33	0.34	0.34	0.35
	标准差	0.06	0.06	0.06	0.05	0.05	0.05
没有创新企业	平均值	0.24	0.22	0.22	0.21	0.18	0.20
	标准差	0.01	0.05	0.03	0.06	0.06	0.05

5.2 技术能力对商业模式创新的影响

众所周知，新技术是商业模式创新的主要动力。早期对商业模式创新的关注也是从新兴互联网企业展开。特别是在IT等领域，技术变化推动了多个国家相关企业商业模式创新，同时，创新的商业模式有助于在更大程度上获取新技术带来的收益。那么，企业技术能力对商业模式创新究竟有何影响，现阶段几乎没有相关研究能提供有价值的证据或线索。技术能力对于推动企业技术创新具有重要影响，那么是否会促进或抑制企业的商业模式创新？回答这一问题对于更加深入地探讨技术能力对商业模式创新的影响具有重要意义。这一问题可以细分为两个阶段性问题，一个是是否为创新商业模式（方向性影响）；另一个是商业模式的创新程度有多大（方案性影响）。那么，本节试图关注的问题是：是否有些技术能力因素会抑制企业的商业模式创新（没有创新）？是否有些技术能力因素会促进探索性的商业模式创新（适度创新）？是否有些技术能力因素会推动企业进行超前的商业模式创新（高度创新）？具体而言，我们是基于这样的假设展开分析：新商业模式取代旧商业模式往往需要技术和组织创新，技术特征是商业模式创新的重要投入因素之一，作为技术重要产出保障的技术能力在影响技术创新的同时也会对商业模式创新产生一定的影响。

我们认为至少有三个方面技术能力因素会影响有关于商业模式创新的决策，其中，技术信息和技术知识是基于技术团队的潜在能力，技术资源是基于专利、产权等的显在能力。作为技术能力的潜在表现，企业技术团队的主要职责在于开展技术研发，保持企业技术领先性，为产品或服务创新提供技术保障并解决技术难题。技术团队虽并不直接进行商业模式创新的决策，但会参与并影响商业模式创新决策的过程。在这一过程中，第一是技术信息，特别是在IT等高技术导向的领域，技术信息在企业内部的传播，以及向企业高管的传递，将有助于决策者理解技术并将新技术融入新的商业模式，实现商业模式创新。第二是技术知识，企业技术团队的知识结构以及行业经验将决定企业新技术的产出，进而影响商业模式创新。作为技术能力的显在表现，第三是技术资源，企业自身的技术资源将决定企业将新技术应用于新商业模式的可实现性。

对于技术信息，我们将其概括为企业技术人员影响的有效性。影响的有效性是指技术人员参与商业模式创新的可能性，以及技术信息影响决策者进行商业模式创新的可能性，这一可能性的大小在很大程度上取决于技术人员对其他人员所能输出信息的多样性、全面性和共享性。我们采用技术人员的规模占比来反映技术人员所能输出信息的程度，分别选择技术人员/企业员工、技术人员/管理人员、技术人员/销售人员、技术人员/生产与后勤人员作为反映技术信息的指标。对于技术知识，我们将其概括为技术团队研发新技术推动商业模式创新的能力。这种能力是技术人员基于先前素质、知识、视野和能力等因素所形成的发现前沿技术、实现技术与商业模式有效融合的才能，主要取决于技术团队成员的先前知识结合和经验水平。我们将选择高学历技术人员占比、海外经历技术人员占比、行业内经历技术人员占比、先前工作经验相关度、先前工作经验深度、先前工作经验广度作为反映技术知识的指标。对于技术资源，我们将其概括为企业实现基于新技术的商业模式创新的可能性。实现的可能性主要是指企业具备的无形资产情况以及产品创新程度。我们将选取产品或服务创新性、著作权数、专利数量作为技术资源的衡量指标。

5.2.1 技术能力与商业模式效率维度创新

效率型商业模式创新的核心是减少企业与所有交易参与者之间的交易成本，提升交易过程中各环节的效率。本节主要关注技术能力影响商业模式效率维度创新可能性及其程度大小。在分析思路上，采用比较研究思路，分析比较"商业模式没有创新企业与商业模式创新企业（包括适度创新与高度创新）"以及"商业模式适度创新企业与商业模式高度创新企业"在反映技术信息、技术知识、技术资源等三个方面机制指标的差异程度，在差异比较中找寻共同规律。

第一，为什么有的IT企业选择不进行商业模式创新？尽管在955家企业中仅有 60 家企业在商业模式效率维度上并未进行创新。为什么在行业内绝大多数企业都致力于尝试商业模式创新的情况下,仍有少数企业反其道而行?基于商业模式创新组与不创新组的对比发现,不同组在技术资源方面不存在显著的差异;但在技术信息中,技术人员在全体人员中的占比($T=2.084$,$P=0.037$)和技术人员与销售人员的比例($T=3.786$,$P=0.000$)上存在显著的差异;在技术知识中,技术团队先前工作经验的深度($T=3.010$,$P=0.003$)和广度($T=4.416$,$P=0.000$)存在显著差异,创新组在技术信息和技术知识两个方面的均值都低于不创新组。在效率维度商业模式创新方面少数选择不创新的企业,在技术信息的输出多样性、全面性和共享性方面要明显高于创新企业,在技术团队的经验水平等方面也要强于创新企业,创新企业和不创新企业在技术资源上并没有显著差异,但不创新企业的专利数量、产品创新性等也略高于创新企业。在效率维度的商业模式创新方面不进行创新可能并非由于企业技术资源的差异,而是受到大量技术信息以及专业的技术知识的影响,与技术引进相比企业可能更加倾向于自主研发,从而不具有在技术引进基础上效率型商业模式创新的经济性。

第二,为什么不同企业的商业模式创新程度存在差异?在 895 家商业模式效率维度创新的 IT 企业中,仅有 281 家企业在效率型商业模式创新上进行了高度创新,而剩余的 614 家企业则在效率型商业模式创新上进行了适度创新。统计结果显示,与适度创新组相比,高度创新组企业在技术信息的技术人员/企业员工($T=-6.080$,$P=0.000$)、技术人员/销售人员($T=-2.521$,$P=0.012$)、技术人员/生产与后勤人员($T=-3.068$,$P=0.002$)上存在显著的差异,但在技术知识和技术资源上并未表现出显著的差异。高度创新组在技术信息的均值上低于适度创新组,见表 5-10。具体而言,商业模式效率维度创新过程中,技术团队的信息输出越丰富可能制约其创新程度。高度创新组企业技术人员的规模占比都显著低于适度创新组,这意味着技术人员的规模越大,技术信息输出越丰富,企业采用自主研发战略的倾向性也就越高。越偏向于自主研发的战略,采用效率型商业模式创新越不经济,从而抑制了企业采用效率型商业模式创新的程度。

表 5-10 技术能力与商业模式效率维度创新

技术能力		是否创新比较		创新程度比较	
		不创新组	创新组	适度创新组	高度创新组
技术信息	技术人员/企业员工	0.50↑	0.44↓	0.47↑	0.38↓
	技术人员/管理人员	5.81	4.67	4.85	4.27
	技术人员/销售人员	10.32↑	5.09↓	5.61↑	3.96↓
	技术人员/生产与后勤人员	6.38	5.28	6.11↑	3.45↓

续表

技术能力		是否创新比较		创新程度比较	
		不创新组	创新组	适度创新组	高度创新组
技术知识	高学历技术人员占比	0.04	0.04	0.04	0.03
	海外经历技术人员占比	0.02	0.04	0.03	0.04
	行业内经历技术人员占比	0.85	2.81	3.66	0.87
	先前工作经验相关度	3.94	3.98	3.99	3.98
	先前工作经验深度	3.81↑	3.48↓	3.47	3.50
	先前工作经验广度	3.43↑	2.93↓	2.90	3.00
技术资源	产品或服务创新性	55.70	53.01	52.39	54.36
	著作权数	20.17	21.25	21.61	20.46
	专利数量	6.57	4.11	4.68	2.85

注：↑/↓代表差异达到了显著性水平，↑代表高值，↓代表低值。

综合上述分析，可以形成的初步判断的是，技术人员的信息输出程度是制约商业模式效率维度创新的重要力量：技术人员的信息输出越丰富，意味着企业将投入更多的精力在自主研发上，而基于技术引进的技术进行效率型商业模式创新比基于自主研发的技术进行效率型商业模式创新更经济，如某企业通过线上客服中心的引入以观测、沟通与预防可能的客户问题，企业完全不需要进行线上客户系统的自主研发，通过外部技术引入才更明智，因此技术人员低信息输出的企业更加倾向于采取效率型商业模式创新。

5.2.2　技术能力与商业模式新颖维度创新

新颖型商业模式创新是通过探索新的合作伙伴、新的机制和方式等进行新的价值创造技术的探索，实现新的价值获取。本节主要关注技术能力如何影响商业模式新颖维度创新可能性及其程度大小。在分析思路上，采用比较研究思路，分别比较"商业模式没有创新企业与商业模式有创新企业（包括适度创新与高度创新）"以及"商业模式适度创新企业与商业模式高度创新企业"在反映技术信息、技术知识与技术资源等三个方面机制指标的差异程度，在差异比较中找寻共性规律。

第一，为什么有的IT企业选择不创新商业模式？尽管在955家企业中，商业模式新颖维度没有创新的企业仅有90家。为什么在行业内绝大多数企业都致力于尝试新商业模式的情况下仍有少数企业反其道而行。基于商业模式创新组与不创新组的统计分析结果显示，在技术信息中，技术人员/企业员工（$T=-1.876$，$P=0.061$）、技术人员/生产与后勤人员（$T=-3.201$，$P=0.002$）存在显著差异；在技术知识中，高学历技术人员占比（$T = -2.220$，$P = 0.027$）、先前工作经验相关度（$T = -2.756$，$P = 0.006$）和先前工作经验深度（$T = -2.036$，$P = 0.042$）都存在着显著的差异；在技术资源中，产品或服务创新性（$T = -8.488$，$P = 0.000$）、著作权数（$T = -3.967$，$P = 0.000$）、专利数量（$T = -2.819$，$P = 0.005$）都存在显著的差异。创新组在技术信息、技术知识、技术资源三个方面的大部分均值都显著高于不创新组。在新颖维度商业模式创新方面选择不创新的企业，在技术信息输出多样性、全面性和共享性方面都要明显低于创新企业，在技术团队的知识结构和经验水平等方面也要低于创新企业，在技术资源支持方面也要低于创新企业，见表5-11。在新颖维度的商业模式创新方面不进行创新主要是受到技术信息、专业技术知识与经验以及技术资源基础支持的制约。

表 5-11　技术能力与商业模式新颖维度创新

技术能力		是否创新比较		创新程度比较	
		不创新组	创新组	适度创新组	高度创新组
技术信息	技术人员/企业员工	0.41↓	0.45↑	0.46↑	0.41↓
	技术人员/管理人员	4.51	4.77	4.56↓	5.72↑
	技术人员/销售人员	5.32	5.44	5.37	5.79
	技术人员/生产与后勤人员	3.30↓	5.55↑	5.79	4.48
技术知识	高学历技术人员占比	0.00↓	0.04↑	0.04	0.05
	海外经历技术人员占比	0.04	0.03	0.03	0.04
	行业内经历技术人员占比	0.76	2.88	3.29	0.86
	先前工作经验相关度	3.79↓	4.00↑	4.00	4.01
	先前工作经验深度	3.32↓	3.52↑	3.51	3.55
	先前工作经验广度	2.97	2.96	2.98	2.87
技术资源	产品或服务创新性	37.75↓	54.78↑	54.26↓	57.21↑
	著作权数	10.84↓	22.26↑	22.48	21.24
	专利数量	1.89↓	4.51↑	4.72	3.51

注：↑/↓代表差异达到了显著性水平，↑代表高值，↓代表低值

第二，为什么不同企业的商业模式创新程度存在差异？在865家商业模式新颖维度创新的IT企业中，仅有152家企业的商业模式在新颖维度实现了全局性创新（以新架构创造并获取新价值），而剩余大部分企业（713家）在商业模式新颖维度方面仅仅在局部范围做出了改进型创新。统计结果显示，技术信息和技术资源似乎在提升商业模式新颖维度与创新程度方面起到了重要作用，与适度创新组相比，高度创

新组企业在技术信息中的技术人员/企业员工（$T=-2.440$，$P=0.015$）、技术人员/管理人员（$T=2.167$，$P=0.030$）表现出了显著差异，在技术资源中的产品或服务创新性（$T=1.871$，$P=0.062$）表现出了显著差异。在技术信息中，高度创新组技术人员/企业员工的平均数要显著低于适度创新组，但高度创新组技术人员/管理人员的平均数要显著高于适度创新组，这说明技术人员对管理人员的信息输出越丰富，企业越倾向于采取新颖型的商业模式创新。在技术资源中，高度创新组的产品或服务创新性要显著高于适度创新组，说明技术资源支持越可靠，企业越有可能进行新颖型商业模式创新。

综合以上分析，可以初步形成的判断是，其一，技术信息是推动商业模式新颖维度创新的重要力量：一方面，技术人员输出的技术信息越丰富，企业越有可能采取新颖型商业模式创新；另一方面，技术人员向管理人员输出的信息越丰富，企业越可能采取更加大胆充分的新颖型商业模式创新。其二，技术知识和技术资源都影响着企业是否选择新颖型的商业模式创新，如网约车平台重新整合乘客、司机之间的资源配置和价值创造过程，需要具有大量专业的技术知识以及相应的技术资源的支持。

结合效率维度和新颖维度的分析结果，可以发现二者之间的创新过程和影响因素有着根本区别。对于效率维度而言，技术信息对于商业模式创新起着明显的经济性约束，具有充分技术信息的企业出于经济性的考虑往往不愿意进行效率型的商业模式创新，技术知识和技术资源对效率型商业模式创新的支持作用不大；但对于新颖维度而言，技术信息则起到了重要的促进作用，越是具有较为丰富、专业的技术信息，越倾向于进行新颖型的商业模式创新，同时，技术知识和技术资源在进行新颖型创新过程中起到了重要的支持和保障作用。关于以上现象，非常值得继续关注和探究。

5.2.3 技术能力与商业模式创新路径

既然效率维度和新颖维度是商业模式创新的双元战略方向，是企业家商业模式思维中的可以并存的创新选择，不同企业的商业模式创新路径就很可能存在着差异。在955家企业中，共有837家企业创新了商业模式，剩余的118家企业并没有在商业模式方面做出创新。在837家创新商业模式的企业中，可以划分为两种路径，第一条路径是商业模式新颖与效率维度的平衡创新路径（共计610家），其中507家企业是低水平平衡创新，有103家企业是高水平平衡创新；第二条路径是商业模式效率和新颖维度的不平衡创新路径（共计227家），其中，效率维度主导创新为178家，新颖维度主导创新为49家。

首先，在技术信息方面，技术人员能向外部传输的信息特征会影响商业模式创新路径。第一，技术人员能够向企业输出更多样、更丰富、共享的技术信息，企业更可能在商业模式创新上采取平衡路径而非不平衡创新路径。这主要表现在：在837家选择商业模式双维度创新的企业中，平衡创新路径企业在技术人员/企业员工（$T=4.217$，$P=0.000$）均值显著高于商业模式非平衡创新路径的企业。可能的原因是：技术人员能够输出更丰富的技术信息，有助于企业基于多样化的新技术在新颖维度和效率维度上进行相对均衡的探索与尝试。第二，技术人员能够接触到更多的企业人员，向管理人员等传递更丰富、更全面的技术信息，企业越倾向于新颖主导的商业模式创新而非效率主导的商业模式创新。这主要表现在：在227家商业模式不平衡创新路径企业中，新颖维度主导创新的企业的技术人员/企业员工（$T=-2.683$，$P=0.008$）、技术人员/管理人员（$T=-3.529$，$P=0.001$）、技术人员/销售人员（$T=-2.688$，$P=0.008$）、技术人员/生产与后勤人员（$T=-2.021$，$P=0.045$）均值都显著高于效率维度主导创新的企业。可能的原因是：新颖维度主导的商业模式创新需要更多的技术研发投入，需要更多、更专业的技术人员和技术信息输出。第三，技术人员能够向企业输出更丰富的技术信息，企业就越倾向于采取低水平平衡创新路径，而非高水平平衡创新路径。这主要表现在：在610家商业模式平衡创新路径企业中，低水平平衡创新路径的创业模式创新企业的技术人员/企业员工（$T=-2.683$，$P=0.008$）、技术人员/生产与后勤人员（$T=-2.021$，$P=0.045$）均值显著高于高水平平衡创新路径。可能的原因是：均衡的效率维度商业模式创新和新颖维度创新，使对技术人员和技术信息的需求出现了一定冲突和分歧，新颖维度的商业模式创新需要更多的内部专业技术信息，效率维度的商业模式创新则更倾向于需要外部技术信息的支持而内部技术信息过多会造成不经济性，在双方博弈过程中，更高的内部技术信息反而会在低水平平衡创新上保持均衡。

其次，在技术知识方面，技术人员的知识结构和经验水平会影响企业商业模式创新路径的选择。第一，选择商业模式的平衡创新路径或是不平衡创新路径上技术人员的知识结构和经验水平并没有显著差异。第二，技术团队越根植于行业，具有丰富的行业知识与经验，越能展开高水平平衡的商业模式创新。这主要表现在：高水平平衡创新企业的技术团队先前工作经验深度（$T=1.986$，$P=0.047$）均值显著高于低水平平衡创新企业。可能存在的原因是：企业要在新颖维度和效率维度上同时展开高水平的创新，需要具有较高知识水平和较深行业经验的技术团队的支持。第三，技术团队的知识结构越高，企业越倾向于新颖维度主导的商业模式创新而非效率维度主导的创新。这主要表现在：新颖维度主导的商业模式创新企业的技术团队高学历技术人员占比（$T=1.983$，$P=0.049$）显著高于效率维度主导的商业模式创新企业，见表5-12。可能的原因是：新颖维度主导的商业模式创新对内部技术信息和专业技术支持具有更高的需求，从而更需要具有高学历和高知识结构的技术团队的支持。

表 5-12　技术能力与商业模式创新路径

技术能力		创新路径比较		平衡创新比较		不平衡创新比较	
		平衡创新	不平衡创新	低水平平衡	高水平平衡	效率维度主导	新颖维度主导
技术信息	技术人员/企业员工	0.47↑	0.39↓	0.48↑	0.38↓	0.37↓	0.47↑
	技术人员/管理人员	4.86	4.27	4.76	5.33	3.65↓	6.52↑
	技术人员/销售人员	5.45	4.48	5.59	4.75	3.50↓	7.90↑
	技术人员/生产与后勤人员	5.80	4.34	6.34↑	3.32↓	3.54↓	7.00↑
技术知识	高学历技术人员占比	0.04	0.03	0.04	0.04	0.02↓	0.06↑
	海外经历技术人员占比	0.03	0.05	0.03	0.04	0.05	0.03
	行业内经历技术人员占比	3.71	0.85	4.25	0.88	0.86	0.82
	先前工作经验相关度	4.08	4.09	3.99	4.06	4.07	4.07
	先前工作经验深度	3.61	3.59	3.48↓	3.67↑	3.58	3.53
	先前工作经验广度	3.03	3.15	2.91	3.01	3.19	2.87
技术资源	产品或服务创新性	54.07	54.07	53.52↓	56.78↑	52.95↓	58.11↑
	著作权数	22.82↑	19.19↓	22.91	22.43	19.32	18.73
	专利数量	4.77	2.95	5.08	3.22	2.63	4.10

注：↑/↓代表差异达到了显著性水平，↑代表高值，↓代表低值

　　最后，在技术资源方面，技术资源的支持程度会影响企业商业模式创新路径的选择。第一，企业具有更加丰富的技术资源等无形资产，更可能选取平衡的商业模式创新路径。这主要表现在：平衡创新的企业在著作权数（$T=1.785$，$P=0.075$）上显著高于商业模式不平衡创新的企业。可能的原因是：企业具有更丰富的技术资源支持，企业更可能在商业模式的两个维度上同时发力，而非仅仅偏重某一个维度。第二，企业具有更加丰富的技术资源等无形资产，就更可能选择高水平平衡的商业模式创新路径。这主要表现在，高水平平衡创新的企业在产品或服务创新性（$T=1.702$，$P=0.089$）上显著高于商业模式低水平平衡的企业。可能的原因是：同时在新颖维度和效率维度上进行高水平的商业模式创新，更加需要技术资源的支持。第三，企业具有更丰富的技术资源支持，更可能采取新颖维度主导的商业模式创新路径。这主要表现在：新颖维度主导创新的企业在产品或服务创新性（$T=-1.720$，$P=0.087$）上显著高于效率维度主导创新的企业。可能的原因是：新颖维度主导的商业模式创新相较于效率维度主导的商业模式创新更需要技术资源的支撑。

5.3 商业模式创新对产品或服务创新性的影响

5.3.1 商业模式效率维度创新对产品或服务创新性的影响

商业模式效率维度创新程度差异并不会导致企业产品或服务创新性差异。当新三板 IT 企业商业模式效率维度分为高度创新、适度创新和没有创新组时，企业的产品或服务创新性平均数分别为 54.36、52.39 和 55.70。这一结果表明，至少从短期来看，企业商业模式效率维度创新并不意味着产品/服务创新性的高低。换而言之，高度创新、适度创新和没有创新的分组差异在企业产品或服务创新性上没有统计学差异，见表 5-13。

表 5-13　955 家企业商业模式效率维度创新与产品或服务创新性

产品或服务创新性	效率维度		
	高度创新	适度创新	没有创新
平均值	54.36	52.39	55.70
标准差	19.03	18.61	19.24

根据企业挂牌时的生存年限进行分组，将所有企业分为了生存年限 8 年以内和生存年限 8 年及以上两组。首先，对于生存年限 8 年以内的企业而言，商业模式效率维度创新程度差异会导致企业产品/服务创新性（$F=2.994$，$P=0.051$）存在差异。当新三板 IT 企业商业模式效率维度分为高度创新、适度创新和没有创新组时，企业的产品或服务创新性平均数分别为 52.79、49.07 和 56.05。这一结果表明，至少从短期来看，企业商业模式效率维度创新影响着产品或服务创新性的高低。其次，对于生存年限 8 年及以上的企业而言，商业模式效率维度创新程度差异并不会导致企业产品或服务创新性存在差异。当新三板 IT 企业商业模式效率维度分为高度创新、适度创新和没有创新组时，企业的产品或服务创新性平均数分别为 56.86、54.91 和 55.44。这一结果表明，至少从短期来看，生存年限 8 年及以上的企业商业模式效率维度创新并不意味着产品/服务创新性的高低。换而言之，高度创新、适度创新和没有创新的分组差异在生存年限 8 年及以上的企业产品/服务创新性上没有统计学差异，见图 5-3。

同时，根据企业所在行业进行分组，将所有企业分为了软件和信息技术服务业和互联网和相关服务两组。首先，对属于软件和信息技术服务业的企业而言，商业模式效率维度创新程度差异会导致企业产品或服务创新性（$F=5.844$，$P=0.003$）存在差异。当新三板 IT 企业商业模式效率维度分为高度创新、适度创新和没有创新组时，企业的产品或服务创新性平均数分别为 59.51、53.73 和 55.67。这一结果表明，至少

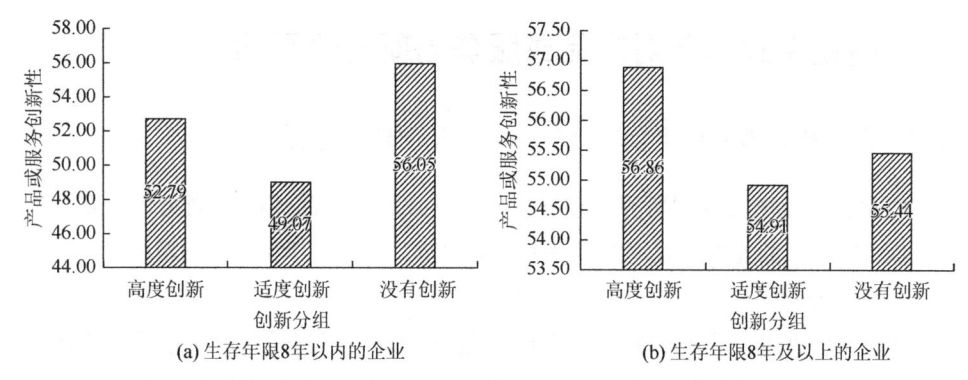

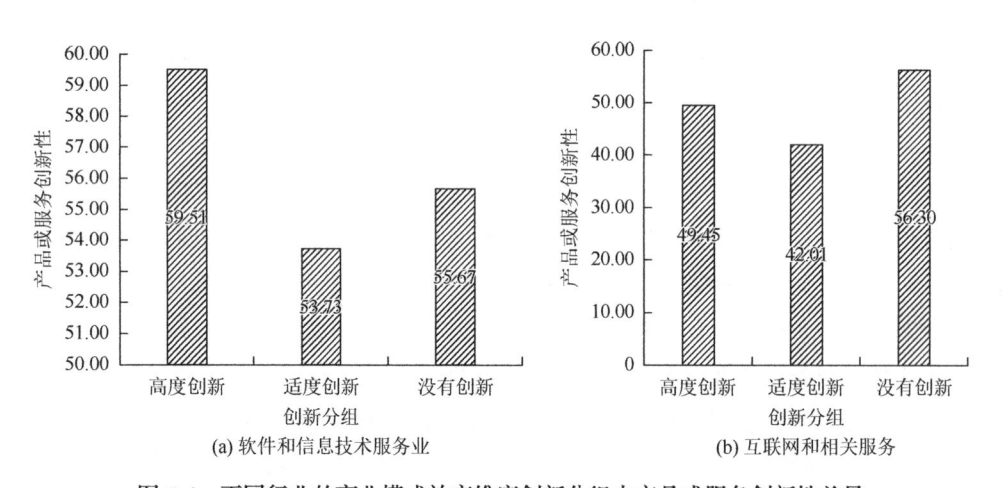

图 5-3　不同年限的商业模式效率维度创新分组中产品或服务创新性差异

(a) 生存年限8年以内的企业

(b) 生存年限8年及以上的企业

从短期来看，企业商业模式效率维度创新影响着产品或服务创新性的高低。其次，对属互联网和相关服务的企业而言，商业模式效率维度创新程度差异也会导致企业产品或服务创新性（$F = 3.502$，$P = 0.032$）存在差异。当新三板 IT 企业商业模式效率维度分为高度创新、适度创新和没有创新组时，企业的产品或服务创新性平均数分别为 49.45、42.01 和 56.30，见图 5-4。这一结果表明，至少从短期来看，企业商业模式效率维度创新影响着产品或服务创新性的高低。

(a) 软件和信息技术服务业

(b) 互联网和相关服务

图 5-4　不同行业的商业模式效率维度创新分组中产品或服务创新性差异

5.3.2　商业模式新颖维度创新对产品或服务创新性的影响

基于企业商业模式新颖维度的不同，可以分为三组：新颖得分≥0.50 为高度创新企业组，有 152 家，占比 15.9%；新颖得分介于 0.25～0.50 为适度创新企业组，有 713 家，占比 74.7%；新颖得分介于 0～0.25 为没有创新企业组，有 90 家，占比 9.4%。

企业的商业模式新颖维度创新程度差异会导致其产品或服务创新性存在差异。基于企业商业模式新颖维度的分组，企业在产品或服务创新性（$F = 37.768$，$P = 0.000$）

上表现出显著性差异。高度创新、适度创新、没有创新组企业的产品或服务创新性的平均值分别为 57.21、54.26、37.75；没有创新组的产品或服务创新性的平均值显著低于高度创新组和适度创新组。这一结果表明，企业在商业模式创新的新颖维度上得分越高，该企业产品或服务创新性水平越高（表 5-14）。

表 5-14 955 家企业商业模式新颖维度创新与产品或服务创新性差异

产品或服务创新性	新颖维度		
	高度创新	适度创新	没有创新
平均值	57.21↑	54.26	37.75↓
标准差	17.92	17.56	22.22

注：↑/↓代表差异达到了显著性水平，↑代表高值，↓代表低值

对于生存年限在 8 年及以上企业来说，基于企业商业模式新颖维度的分组，企业在产品或服务创新性（$F = 27.321$，$P = 0.000$）上表现出显著性差异。高度创新、适度创新、没有创新组企业的产品或服务创新性的平均值分别为 57.68、57.07、36.76；没有创新组的产品或服务创新性的平均值显著低于高度创新组和适度创新组。这一结果表明，对于生存年限在 8 年及以上企业来说，企业在商业模式创新的新颖维度上得分越高，该企业产品或服务创新性水平越高。

对于生存年限在 8 年以内的企业来说，基于企业商业模式新颖维度的分组，企业在产品或服务创新性（$F = 14.755$，$P = 0.000$）上表现出显著性差异。高度创新、适度创新、没有创新组企业的产品或服务创新性的平均值分别为 56.87、50.97、38.65；高度创新组企业产品或服务创新性的平均值显著高于适度创新组，高度创新组企业产品或服务创新性的平均值显著高于没有创新组，适度创新组企业产品或服务创新性的平均值显著高于没有创新组，见图 5-5。这一结果表明，对于生存年限在 8 年以内的企业来说，企业在商业模式创新的新颖维度上得分越高，该企业产品或服务创新性水平越高。

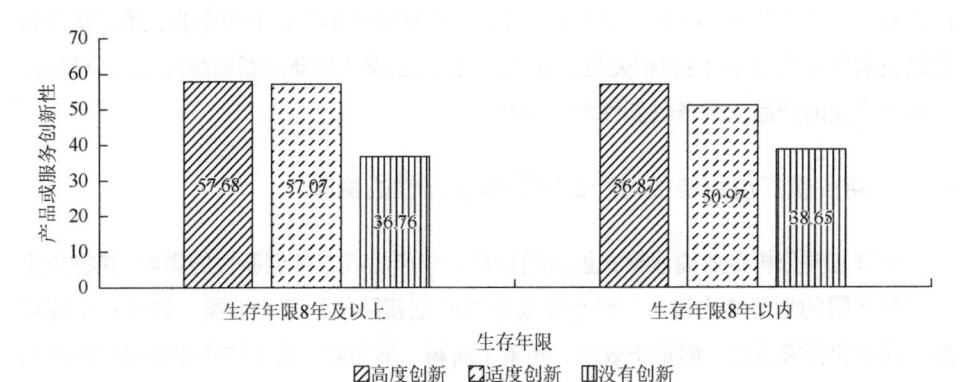

图 5-5 不同年限的商业模式新颖维度创新分组中产品或服务创新性差异

对于软件和信息技术服务业来说，基于企业商业模式新颖维度的分组，企业在产品或服务创新性（$F = 20.854$，$P = 0.000$）上表现出显著性差异。高度创新、适度创新、没有创新组企业的产品或服务创新性的平均值分别为 60.26、55.41、42.25；高度创新组企业产品或服务创新性的平均值显著高于适度创新组，高度创新组企业产品或服务创新性的平均值显著高于没有创新组，适度创新组企业产品或服务创新性的平均值显著高于没有创新组。这一结果表明，对于软件和信息技术服务业的企业来说，企业在商业模式创新的新颖维度上得分越高，该企业产品或服务创新性水平越高。

对于互联网和相关服务来说，基于企业商业模式新颖维度的分组，企业在产品或服务创新性（$F = 16.699$，$P = 0.000$）上表现出显著性差异。高度创新、适度创新、没有创新组企业的产品或服务创新性的平均值分别为 51.98、49.24、28.28；没有创新组的产品或服务创新性的平均值显著低于高度创新组和适度创新组。这一结果表明，对于互联网和相关服务来说，企业在商业模式创新的新颖维度上得分越高，该企业产品或服务创新性水平越高，见图 5-6。

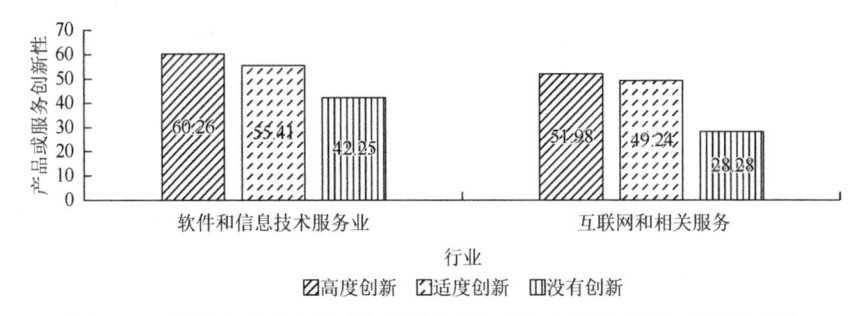

图 5-6 不同行业的商业模式新颖维度创新分组中产品或服务创新性差异

基于以上分析，企业的商业模式新颖维度创新程度差异会导致其产品或服务创新性差异。基于企业商业模式新颖维度的分组，企业在产品或服务创新性上表现出显著性差异。无论是生存年限 8 年以内的企业、生存年限 8 年及以上的企业，还是软件和信息技术服务业、互联网和相关服务的企业，在商业模式创新的新颖维度上得分越高，往往该企业的产品或服务创新性水平越高。

5.3.3 商业模式创新路径对产品或服务创新性的影响

本节主要分析企业商业模式创新路径对企业产品或服务创新性的影响，并将企业行业和年限的划分考虑进去。将企业商业模式创新路径划分为五类：效率和新颖双高、效率和新颖适度、侧重于效率、侧重于新颖、不创新。企业的商业模式创新路径差异会导致产品或服务创新性存在差异。基于企业商业模式创新路径的分组，企业在产品或服务创新性（$F=5.276$，$P=0.000$）上表现出显著性差异。效率和新颖双高组与侧重于新颖组的平均值分别为 56.78、58.11，显著高于效率和新颖适度组、侧重于效率组、不创新组的平均值，见表 5-15。这一结果表明在所有企业范围内新颖创新对于产品或服务创新格外重要。

表 5-15　955 家企业商业模式创新路径与产品或服务创新性差异

产品或服务创新性	创新路径				
	效率和新颖双高	效率和新颖适度	侧重于效率	侧重于新颖	不创新
平均值	56.78	53.52	52.95	58.11↑	46.85↓
标准差	18.69	17.55	19.14	16.32	22.67

注：↑/↓代表差异达到了显著性水平，↑代表高值，↓代表低值

具体而言，在软件和信息技术服务业中商业模式创新路径的分组在企业产品或服务创新数量均值（$F=5.481$，$P=0.000$）上表现出显著的差异。效率和新颖双高、侧重于效率、侧重于新颖的企业产品或服务创新数量均值分别为 60.63、58.78、59.78，显著大于效率和新颖适度、不创新的企业产品或服务创新数量均值，并且效率和新颖双高组产品或服务创新数量均值最高，这说明在软件和信息技术服务业中企业能做到精通效率创新和新颖创新其中之一，就可能提升产品或服务创新性，如果企业同时做到精通效率创新和新颖创新，这种提升作用可以叠加（图 5-7）。

(a) 软件和信息技术服务业　　(b) 互联网和相关服务

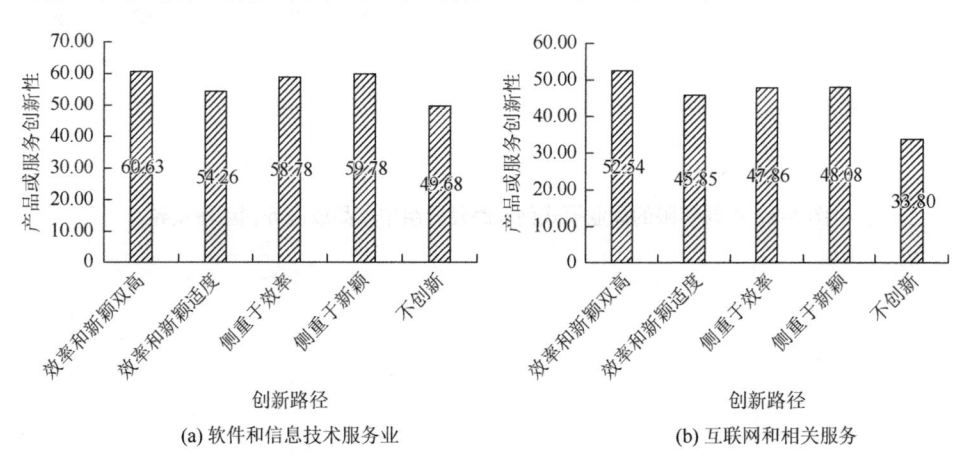

图 5-7　不同行业的商业模式创新路径分组中产品或服务创新性差异

在互联网和相关服务中商业模式创新路径的分组在企业产品或服务创新数量均值（$F=3.296$，$P=0.012$）上表现出显著的差异。效率和新颖双高企业产品或服务创新数量均值为 52.54，显著高于其他四组，而效率和新颖适度、侧重于效率、侧重于新颖企业产品或服务创新数量均值分别为 45.85、47.86、48.08，显著高于不创新企业产品或服务创新数量均值 33.80，见图 5-7。这说明在互联网和相关服务中有创新的

企业先比不创新的企业产品/服务创新数量会大大提升，同时效率和新颖双高会将提升作用叠加。

在生存年限为8年以内企业中商业模式创新路径的分组在企业产品或服务创新数量均值（$F=3.195$，$P=0.013$）上表现出显著的差异。效率和新颖双高、侧重于新颖的企业产品/服务创新数量均值分别为56.55、57.71，显著大于效率和新颖适度、侧重于效率、不创新的企业产品或服务创新数量均值，这说明新颖创新对于生存年限为8年以内的企业很重要，对于年轻企业来说新颖创新是提升创新数量的制胜法宝。

在生存年限为8年及以上企业中商业模式创新路径的分组在企业产品或服务创新数量均值（$F=4.048$，$P=0.003$）上表现出显著的差异。不创新企业产品或服务创新数量均值显著低于其他四组，且侧重于新颖创新企业产品或服务创新数量均值最高，见图5-8。这说明生存年限长的企业中效率创新也可以提升创新数量，但是新颖创新的提升作用大于效率创新的提升作用。

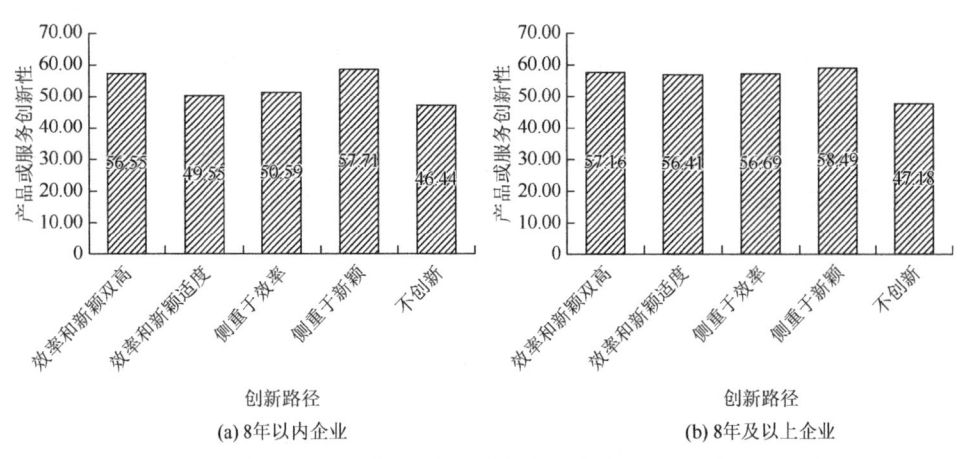

(a) 8年以内企业

(b) 8年及以上企业

图5-8　不同年限的商业模式创新路径分组中产品或服务创新性差异

第 6 章

主要结论、管理启示与政策建议

利用 955 家企业的编码数据，我们重点分析了新三板 IT 企业业绩变动与表现差异、企业技术能力对企业经营与业绩的影响以及企业技术能力对商业模式创新表现影响。基于数据分析结果，可以提炼出一些重要的结论、启示和建议。

6.1 新三板 IT 企业的经营与绩效受到多种因素约束

6.1.1 制度环境深刻影响着企业生存与发展

制度环境影响企业的生存与发展，表现在以下几个方面。在地域分布方面，新三板 IT 企业主要分布在东北地区、京津冀地区、长三角地区、珠三角地区、西部地区和中部地区；珠三角、东北、京津冀、长三角区域的企业在营业收入和净利润上优于中西部地区的企业；值得一提的是，东北地区的企业业绩处于领先地位，这打破了东北地区近年来经济发展缓慢的"刻板印象"。对行业的分析显示，互联网相关产业的总资产、营业收入及其增长率远高于软件与信息服务产业，但互联网相关产业在创新产出（产品/服务创新性、著作权数、专利数量）上远不及软件与信息服务产业。在企业生存年限方面，8 年及以上企业的经营业绩和创新产出显著高于 8 年以内企业，但 8 年及以上企业的业绩增长率显著低于 8 年以内企业。

产生这种结果的原因如下：第一，地区差异进一步导致了制度环境的差异，珠三角、东北等地区对于 IT 等新兴技术的关注和支持力度更大，这些地区的制度环境更加宽松，制度上的倾斜、政策上的帮助，助力 IT 企业快速发展，因而珠三角、东北等地区企业的经营业绩更为优异。第二，不同行业的制度与环境存在异质性，之前盛行的"互联网+"理念使互联网行业获得了更高的关注度，在投资热潮的带动下，互联网和相关服务飞速发展；相对来说，软件和信息技术服务业的外部支持较为薄弱，其发展更多依赖于自身的产品与服务水平，在不断满足客户日益更新的需求过程中，其创新产出更加丰富。第三，制度环境是企业生存的重要外部环境，生存年限更长的企业更加了解外部制度与政策，对于环境变化更为敏感，拥有更多资源和经验，这有助于其取得更理想的经营业绩；而生存年限较低的企业由于尚处于成长期，其企业业绩具有广阔的提升空间。

制度环境是指一系列与政治、经济和文化有关的法律、法规和习俗，制度环境对经济发展有着举足轻重的影响。对于新三板 IT 企业而言，首先，应该了解其所处的制度环境，如政府发布的相关政策、行业联盟发起的项目倡导、政府对行业发展提出的相关要求等；企业只有密切关注制度环境，才能敏锐地捕捉到环境变化，及时根据环境变化做出对应的经营对策。其次，企业应该在制度环境中探索隐藏的机会，发现并把握时机，合理利用资源赋能企业成长。比如，充分利用制度上的有利政策，响应政府的号召合作发展特色项目等。最后，企业不仅要关注和依托于制度环境，企业还应该致力于企业自身的发展，增强企业自身的资源、能力和知识，积极完善管理制度、创新机制，使企业既能利用制度环境中的有利条件，又有实力克服制度环境中的不利因素。

6.1.2　企业产品或服务的技术导向定制化更易获取高额利润

在企业产品或服务以及经营和业绩的影响中，对于技术主导性的分析表明，技术主导组企业的净利润显著高于非技术主导组，技术主导组企业的创新产出（产品/服务创新性、著作权数、专利数量）也远高于非技术主导组。在产品/服务的生产方式方面，可分为三类：定制化程度低、定制化程度中、定制化程度高。随着定制化程度等级的提高，企业的净利润显著增加；定制化程度为中和高等级的企业的产品/服务创新性远高于定制化程度低的企业。可以发现，企业产品或服务的技术导向定制化更易获取高额利润。

产生这种结果的原因如下：第一，技术是解决问题的方法及方法原理，是指人们利用现有事物形成新事物，或是改变现有事物功能、性能的方法；技术导向的企业往往拥有更先进的技术，先进的技术能力有助于企业开发新产品/服务，开拓新市场，推出更好的满足消费者需求的产品/服务，从而赢得更广大消费者群体的信赖；同时技术领先可以使企业在一些高端市场形成垄断优势，从而获得超额利润。第二，定制产品是指为满足客户特定需要而制造的产品，而定制化服务是指按消费者自身要求，为其提供适合其需求的满意服务。千禧一代及新生代青少年群体偏好于定制化产品或服务，定制化产品或服务可以带给消费者个性的感受，使消费者获得更高的满意度，消费者也愿意为这种量身打造的产品或服务支付更多的货币；在当下的社会环境中，定制化产品或服务常常意味着"更独特"和"更有价值"，甚至定制化成了一种潮流，不只是青少年群体，不仅是高端客户，还有越来越多的人愿意选择定制化产品或服务。第三，技术领先和定制化都能给企业带来竞争优势，技术导向的定制化企业同时拥有这两种优势，故而其更容易获得高额利润。

对于新三板 IT 企业而言，产品或服务的技术和定制化水平都很重要。在技术方面，企业应该投入资源，发展核心技术，申请必要的专利，形成技术上的领先优势；技术具有自然和社会两重属性，企业在研发技术改造自然的社会实践活动中，要遵循自然规律，另外企业的经营是一个整体的系统，技术研发工作应该与生产、销售、服务工作相互配合。在定制化方面，企业应该积极发展定制化，提供产品定制服务。虽然理论上可以针对每个消费者设计一套营销方案及产品，但在实践中费用过高，不太可能实现。企业应该探索消费者需求的共性与个性，发现消费者需求的规律特征，将消费者划分为一些类别，为每个类别的消费者提供高度的定制化方案；在产品/服务定制化的过程中，使用大数据、计算机等技术可以有效地提高效率，降低成本。最后，新三板 IT 企业应该将技术导向与高定制化有机结合，平衡两者之间的发展冲突，为顾客提供有竞争力的技术导向的定制化产品/服务。

6.1.3 产品或服务独特性高的企业业绩更优

产品或服务独特性是指消费者感知到的某企业产品或服务的与众不同。企业产品或服务独特性可划分为高、中、低三个等级，分析表明，在企业业绩方面，产品或服务独特性高的企业的总资产和营业收入都显著高于产品或服务独特性低的企业；在创新产出方面，产品或服务独特性高的企业在产品/服务创新性、著作权数、专利数量上远远高于产品或服务独特性低的企业。

产生这种结果的原因如下：第一，产品或服务具备独特性，能够满足消费者的独特性需要。在进行产品选择时，消费者倾向于选择与众不同的产品而非大众化的产品来满足自身的独特性需求。独特性需求理论可以很好地解释消费者在产品选择上的独特性倾向，根据独特性需求理论，人们认为与他人有很强的相似性是令人不愉快的，会试图将自己与他人加以区分，寻求自我的与众不同，以免失去对自我的认同。而独特性高的产品或服务使消费者感觉自己是独特的、不平庸的。第二，产品或服务的独特性增加了客户对供应商之间的依赖程度，购买独特性产品或服务的客户会依赖于企业提供的专用设备、软件以及售后维修服务；产品的独特性使得产品可替代程度降低，客户如果转换去使用其他企业的产品或服务，将会付出高昂的成本，这使供应商与客户间相互依赖程度更高，合作关系更为牢固。另外，生产独特性产品、提供独特性服务的企业拥有较强的议价能力，在谈判中往往占据优势，能够有效降低成本，提高利润空间。第三，产品或服务独特性是企业追求创新的结果，独特性与创新相辅相成，产品或服务的独特性程度高，可以反映出企业在创新研发上进行了充分的投入，因而产品或服务独特性高的企业的创新产出（著作权数、专利数量）往往也高。

在竞争日趋激烈的 IT 市场，产品或服务的独特性是企业组织身份标签的重要组成部分，新三板IT企业应该着力于增强产品或服务的独特性。首先，企业应该关注消费者的需求，了解消费者期待的产品或服务，进而开发出具有独特性的、受市场欢迎的产品或服务，避免盲目创新和闭门造车。对此，企业可以参考小米社区的例子，建立用户社区，及时与用户沟通，与用户一同开发出独特的高价值产品。其次，产品或服务的独特性不是一蹴而就的，而是在技术人员努力研发下不断更新迭代的结果，企业应该保持足额的研发资金投入，支持产品或服务的创新性发展。最后，企业在重视产品或服务独特性的同时，要全面系统地评判和提升产品或服务，不能因为某一方面不切实际的独特性而损害了整体的产品或服务质量。

6.2 新三板IT企业技术团队是导致企业业绩差异的重要原因

对于新三板IT企业来说，创新是发展的不竭动力源泉，技术是创新的强有力支撑，而高效精良的技术团队则是企业将技术转化为创新的中介。在大多数情况下，各行各业的企业领导者都十分注重技术团队培养与建设，尤其是IT企业。但由于企业组织与人力资源知识储备的不足或其他因素，企业在组建技术团队时通常只考虑技术人员的学历和工作经历，而忽略了技术人员流动率、技术团队成员先前工作的深度和广度甚至知识结构对企业绩效的影响。通过数据分析，我们发现，就新三板IT企业而言，企业技术团队特征差异是导致企业业绩差异的重要原因之一。

6.2.1 技术人员人数及变动情况影响企业业绩的提升时间跨度

第一，基于技术人员在企业员工中的人数统计以及其所占比例的分析，可以发现，尽管技术人员数量越多，本身意味着越高的创新产出以及越多的企业受益，数据结果显示，技术人员的人数与企业挂牌当年年底总资产和营业收入负相关。技术人员人数的差异造成了企业挂牌当年年底总资产、营业收入和净利润的显著差异。技术人员主导型团队的相关指标远远高于低技术人员团队。造成这种结果的原因是：首先，企业挂牌当年年底，企业的内部创新产出效率和外部知名度与美誉度都还未得到显著提升，在总资产、营业收入、净利润上的表现一般。加之技术人员的工资和奖金往往高于普通行政、财务等人员，技术人员在企业中的数量越多，企业相应的固定支出也随之增加。其次，技术人员本身在一年内无法保证为企业带来固定收益，这种不确定性也造成了结果的负相关。

第二，基于技术人员在企业中的变动情况统计分析，可以发现955家企业中，除去19家数据缺失的企业，约有占比84.5%的企业存在人员变动，其中，减少技术人员比例的企业占18.9%，增加技术人员比例的企业占65.6%。这样的数据结果表明，高技术人员流动性是新三板IT企业的普遍特征，并且大部分企业倾向于招兵买马，扩充本企业技术人员的保有量以期增加企业绩效。事实证明，这些企业的举措是正确的，企业技术人员的变动促进了企业的总资产和营业收入与净利润本身及其增长率的上升，除此之外，适度的技术人员变动率也为企业的创新性以及企业在著作权和专利数量方面的表现做出了贡献。换而言之，新三板 IT 企业应注重适度的技术人员变动，通过新技术人员的进入和旧技术人员的离开，让企业有规律地进行技术方面的更新迭代，始终追随行业的脚步，第一时间掌握最新技术。

科技是第一生产力，创新挑战技术，技术启发创新。这句俗语表达的是企业层面，技术与创新的相辅相成。但在新三板 IT 企业初创时期，基于强有力的发展势头和领导者经验的不足的矛盾，往往将技术当作企业成功运行和产品成功商业化的首要因素，在这种情况下，企业在提升管理水平和强化创新能力上出现了失衡，通常不利于企业达成绩效目标。正是由于如此，企业只有在同时把握技术的重要性和管理的灵活性的前提下，才能激发技术人员数量和流动性对企业经营和业绩的积极作用。从数据分析可以看出，在第一年引进技术人员却未能增加企业账面收益时，可以再进行一段时间的有效观察再进行技术人员调配、引进或裁员，以免不考虑技术人员为企业带来创新产出所必须经历的空白期就直接进行相关决策，造成企业不必要的损失。

6.2.2 技术团队先前工作经验情况影响企业业绩的提升坡度

第一，基于技术团队先前工作经验的相关度的分析，可以发现技术人员是否具有工作经验与企业的总资产、营业收入和净利润息息相关。就有效样本量的统计数据而言，以先前工作经验相关度低、中、高为依据，84.5%的企业构建的技术团队曾经都具有高度相关的工作经验，中相关度企业和低相关度企业分别占比13.3%和2.2%。由此可见新三板 IT 企业在组建团队时具有极强的技术导向和经验导向。越是富有经验的团队越可以为企业带来经济效益，这就是技术团队先前工作经验对企业业绩提升坡度的影响。由于具有极其相关的工作经验，这样的技术团队也更有能力为企业产品和服务创新以及知识产权方面做出相关贡献。因此，IT 企业在建立之初，为了保险起见，就会尽可能地招聘资深行业工作者，而非初入社会的高校毕业生。

第二，基于技术团队先前工作经验深度的分析，首先必须明确工作经验深度的定义，工作经验深度是指在此行业具有长时间的工作经验，且工作内容不浮于表面，向纵深发展。数据结果表明，企业的绩效与先前工作经验深度正相关。也就是说，新三板 IT 企业技术团队的工作经验时间越长，履历越多，这样的技术团队越能为企业带来高绩效和高创新局面。技术团队的这种经验深度低和高，使得企业绩效的坡度由缓到陡，高速率的发展态势总是企业所期望的，一方面企业可以考虑适当培养一部分本企业工作经验深度高的元老级技术人员；另一方面还需要企业在进行技术团队人员组构时不忽视工作经验深度这一点。牢牢把握每一位技术人员的行业履历特征，有针对性地对技术团队成员进行配置和培养，才有利于提升企业绩效。

第三，基于技术团队先前工作经验广度的分析，可以发现技术团队成员的先前工作经验广度对于企业部分账面上的数字（营业收入和净利润及其增长率）而言影响并不显著，经验广度的差异使得各个企业间的创新性产生相应差异。仍需先明确工作经验广度的内涵，技术团队成员高工作经验广度意味着其不仅在 IT 行业有相关工作经验，而且在其他行业也有所涉猎，其知识域相较于单纯的 IT 从业者来说更宽泛，决策格局相应地更大。正是由于他们先前工作经验广度高，才为新三板 IT 企业带来了来自各个行业的先进理念和方法，才能为这些企业带去更多创新思维。值得注意的是，高经验广度使得企业创新性提升坡度变陡，却没有为企业账面数据做出贡献，企业应从中寻找原因，对症下药，以更合理的方式提升绩效。

6.2.3 技术团队知识结构影响企业对业绩的自我剖析

第一，基于博士学位人员在技术团队中的比例分析，可以发现约 90.3%的企业没有博士学位的技术人员，而在剩余的企业中，博士学位技术人员占比超过 0.5 的企业仅占 1.2%。这样的现象是由于科技发展热潮促使各个层次的学校都开设了 IT 相关的一系列课程。无论是专科、本科、硕士还是博士毕业，只要熟练地掌握 IT 软件，均可以成为 IT 行业的从业者。因此，人们提高学历的欲望可能有所降低。但博士是 IT 研究和操作综合性人才，博士的占比与新三板 IT 企业的绩效基本上呈现正相关，这意味着企业不仅需要技术人才，更加需要高学历技术人才。

第二，基于技术团队成员的海外学习经历的分析，可以发现数据库收集的新三板 IT 企业中，约 10.2%的企业的技术团队成员具有海外学习经历，且是否具有海外学习经历并未对企业绩效造成显著差异。海归从业者虽然可以为企业带来国外的 IT 新理念，但影响不大。由此，企业可以考虑技术团队组成人员的结构问题，是否必须存在拥有海外学习经历的技术人员？这一点值得企业思考。

第三，基于技术团队成员行业内工作经历的分析，可以发现只有创新性方面的维度受到了技术团队成员行业内工作经历差异的影响。行业内工作经历意味着技术人员对工作内容的熟悉程度较高和具有可操作性，但并未对企业绩效方面的指标造成显著性影响，这一点值得引起企业重视，找到对应病症，制订相应的解决方案。

总体来说，技术团队的知识结构影响企业对业绩的自我剖析，通常来说，企业会把业绩的好坏归结于技术人员的知识结构、组成情况或者先前工作经历其中之一，往往考虑不到位，在进行自我剖析时，需要结合这些因素以及企业外部市场因素综合来看，才能让企业绩效得到可持续性的提升。

6.3 新三板 IT 企业技术成果是导致企业业绩差异的重要原因

6.3.1 企业技术资源相关度的业绩增长效应

企业技术资源包括著作权和专利开发。基于企业著作权和专利权的相关度对企业经营与业绩的影响分析，可以发现企业著作权和专利权的相关度影响企业业绩的增长效应。无论是著作权相关度还是专利权相关度，不同技术资源相关程度对于长期业绩的影响呈现为增长效应，与中相关度相比较，高相关度企业才能享受技术资源带来的超额业绩水平。在 955 家企业中，有 871 家企业（占比 91%）尝试谋求著作权相关度；有 328 家企业（占比 34%）尝试谋求专利权相关度。这两组数据表明技术资源相关度对于新三板 IT 企业来说是值得关注的能力。并且在尝试著作权相关度的 871 家企业中，有 648 家企业（占比 74%）在著作权相关度方面实现了高相关度；在尝试专利权相关度的 328 家企业中，有 226 家企业（占比 69%）在专利权相关度方面实现了高相关度。这表明目前新三板 IT 企业不仅注重技术资源相关度的尝试还取得了比较好的结果。技术资源相关度高的企业相比技术资源相关度中的企业显著增加了企业的业绩。具体而言，在著作权相关度方面，相关程度增加会产生显著的业绩增效，著作权相关度越高，企业规模业绩、质量业绩都会出现显著性提升；在专利权相关度方面，相关程度增加也会产生显著的业绩增效。著作权相关度意味着企业的各项著作权之间是否有联系，相关度高的企业往往专注于同一领域或相关领域的问题，这种长时间对某一领域的关注可以使企业成为该领域中的"专家"，提升企业的专业化。并且长期关注某一领域的企业拥有良好的资源配置能力，企业往往相较于著作权相关度低的企业更清楚企业的目标是什么，资源配置更有规划。专利权相关度高意味着企业不仅拥有良好的创新思维，还精通专利所在领域的知识与研发背景，长期关注同一领域的专利问题会让企业迅速找准研发空缺，促进该领域的进一步技术发展。著作权和专利权相关度高的企业拥有良好的技术优势，这种优势会让企业深刻了解某一领域，不断进行研发，在技术快速发展的时代中也不会被淘汰。著作权和专利权相关度高的企业还拥有良好的产品或服务优势，不论是著作权还是专利权，相关度高都会提升产品或服务的创新性，以产品或服务创新为经营重点形成产品或服务优势，使企业的产品或服务随着市场需求不断更新，这种优势上的增长效应又会进一步促进企业业绩的增长效应。

6.3.2 企业获得认证影响企业业绩的信任效应

第一，基于企业获得质量管理体系认证的情况及其对经营和绩效的影响，可以发现企业获得质量管理体系认证的情况影响企业经营和业绩的信任效应。具体来看，955家企业中获得质量管理体系认证的企业有470家（占比49%），未获得质量管理体系认证的企业有485家（占比51%）。这组数据表明新三板IT企业关注到了质量管理体系认证的重要性，是否获得质量管理体系认证显著影响着企业的业绩，获得了质量管理体系认证的企业相比于未获得质量管理体系认证的企业业绩显著提高。质量管理体系认证可以使外部客户接收到该企业质量水平和标准较高的信号，面临众多选择时客户往往青睐于拥有高质量的企业，从而产生影响企业业绩的信任效应。获得了质量管理体系认证可的企业自身能力过硬，还提升了企业的经营水平，它们往往具有良好的产品或服务优势及技术优势，使企业不断成长、不断提高业绩。

第二，基于企业获得行业资质的情况及其对经营和绩效的影响，可以发现企业获得行业资质的情况影响企业经营和业绩的信任效应。具体来看，955家企业中获得行业资质的企业有828家（占比87%），未获得行业资质的企业有127家（占比13%）。这组数据表明新三板IT企业中大多数都已获得了行业资质，对于小部分未获得行业资质的企业来说，它们在行业中处于劣势。是否获得行业资质显著影响着企业的业绩，获得了行业资质企业的业绩显著高于未获得行业资质企业的业绩。行业资质表明企业在行业中生产是合法的，能够满足行业的基本要求，为客户提供了一定的保障，因此外部客户往往更加信任获得了行业资质的企业，这种信任提升了获得了行业资质企业的业绩。同时获得了行业资质的企业产品或服务创新、著作权、专利权数量往往更高，这是奠定企业实力的基础，更利于获得客户认可，进一步提升业绩。

第三，基于企业获得经营许可资质的情况及其对经营和绩效的影响，可以发现企业获得经营许可资质的情况影响企业经营和业绩的信任效应。具体来看，955家企业中获得经营许可资质的企业有786家（占比82%），未获得经营许可资质的企业有169家（占比18%）。这组数据表明新三板IT企业中大多数都已获得了经营许可资质，对于小部分未获得经营许可资质的企业来说，它们在行业中处于劣势。是否获得经营许可资质显著影响着企业的业绩，获得了经营许可资质企业的业绩更佳。经营许可资质表明企业经营体系、经营准备已经得到了肯定，其有能力在行业中正常运营，已经有了相关工作经验。相比未获得经营许可资质的企业，外部客户通常更信任获得了经营许可资质的企业，使这些企业业绩提高。但是，未获得经营许可资质的企业业绩增长率较高，这种企业往往处于企业发展的最初阶段，业绩相比获得经营许可资质的企业有很大的增长空间。

6.4 新三板 IT 企业商业模式创新的异质性影响

商业模式效率维度创新和新颖维度创新存在着本质差异，前者意味着成本的系统性优化，而后者则意味着采用新的价值创造系统来创造价值。基于这一差异，不同维度商业模式创新将产生异质性影响。

6.4.1 企业效率型商业模式创新更易受制度环境和产品或服务特征的制约

一方面，受根植的制度环境影响，相较于软件与信息技术行业，互联网行业的 IT 企业更倾向于进行商业模式创新；相较于中西部地区，京津冀、珠三角、长三角企业的 IT 企业更倾向于进行商业模式创新；相较于年限在 8 年及以上的企业，受制度环境影响时间更短的 8 年以内的 IT 企业更倾向于进行商业模式创新。虽然受不同制度环境的影响，新三板 IT 企业在商业模式创新上表现出了显著的差异，但相较于新颖维度，商业模式创新的效率维度受到制度环境影响的程度更大。在行业影响中，互联网和相关服务在商业模式创新效率维度上的平均值高出软件和信息技术服务业 47.37%，而互联网和相关服务在商业模式创新新颖维度上的平均值仅高出软件和信息技术服务业 8.33%；在地域影响中，珠三角地区在商业模式创新效率维度上的平均值高出中部地区 18.92%，珠三角地区在商业模式创新新颖维度上的平均值高出中部地区 11.76%；在年限影响中，8 年以内企业在商业模式创新效率维度上平均值高出 8 年及以上企业 15.38%，而企业年限差异在新颖维度上的平均值并不存在显著性差异。由此可见，制度环境的差异对企业采取商业模式创新效率维度具有更加显著的影响。

另一方面，相较于提供产品或既提供产品又提供服务的企业，仅提供服务的企业更倾向于商业模式创新；非技术主导型的企业更倾向于效率型商业模式创新，技术上主导型的企业更倾向于新颖型商业模式创新；标准化程度越高的企业越倾向于效率型商业模式创新。虽然产品或服务特征会影响企业商业模式创新的选择，但相较于新颖维度，效率维度受产品或服务特征的影响更大。仅提供服务的企业在商业模式效率维度上的平均值高于新颖维度 16.33%，但在新颖维度上并无显著性差异；非技术主导企业在效率维度上的平均值高于新颖维度的 14.63%，技术主导企业在新颖维度上的平均值高于效率维度的 11.76%；标准化企业在效率维度上的平均值高于定制化企业的 23.68%，在新颖维度上并不存在显著差异。由此可见，产品或服务特征对企业商业模式创新的效率维度具有更加显著的影响。

综上可知，制度环境和产品或服务特征在一定程度上影响企业的商业模式创新的选择，新三板 IT 企业效率型商业模式创新更易受其制约。效率型商业模式创新倾向于优化整体的成本结构而非创造新的价值创造和配置模式，制度环境与产品或服务特征将对该商业效率维度产生更加深远的作用；而新颖型商业模式创新需要对整个价值链条进行重构，更加依赖于新颖想法和颠覆性技术参与其中，从而受制于制度环境以及产品或服务特征的影响较弱。

6.4.2 企业新颖型商业模式创新更受益于企业技术能力

企业具有较强的技术能力的重要表现在于企业技术信息充足、技术团队知识结构层次高、企业技术资源丰富。在技术信息机制中，商业模式创新效率维度的不创新组的平均得分显著高于创新组，适度创新组的平均得分显著高于高度创新组；商业模式创新新颖维度的不创新组的平均得分显著低于创新组，适度创新组的平均得分显著低于高度创新组；不均衡创新路径中，新颖维度主导创新路径的平均得分显著高于效率维度主导创新路径。在技术知识机制中，商业模式创新效率维度的不创新组的平均得分显著高于创新组；商业模式创新新颖维度的不创新组的平均得分显著低于创新组；不均衡创新路径中，新颖维度主导创新路径的平均得分显著高于效率主导创新路径。在技术资源机制中，商业模式创新效率维度的创新组与不创新组、适度创新组与高度创新组没有显著差异；商业模式创新新颖维度的不创新组的平均得分显著低于创新组，适度创新组的平均得分显著低于高度创新组；不均衡创新路径中，新颖维度主导创新路径的平均得分与效率维度主导创新路径并无显著差异。

由此可见，企业技术能力越强，越倾向于新颖型商业模式创新；企业技术能力越弱，越倾向于效率型商业模式创新。一方面，企业若采取效率型商业模式创新，重点在于降低交易成本，技术能力强意味着大量技术成本投入，与商业模式创新的效率维度相互矛盾。因此，相较于内部投入资源进行技术研发，从外部进行技术引进更具有成本经济性，倾向于效率型商业模式创新企业在技术信息流动、技术团队知识层次以及内部技术资源上都更低。同时，效率型商业模式创新也能够在技术引进的过程中促进信息的流动与共享，并在技术结构与重构的过程中提升企业的技术实力。另一方面，若采取新颖型商业模式创新，重点需要进行整个价值链条的重构，除了进行外部技术引进外，进行内部技术投入开展自主研发以跟踪前沿科技十分重要，因此倾向于新颖型商业模式创新的企业在技术信息流动、技术团队知识层次以及内部技术资源上都更高。换言之，新颖型商业模式创新不仅能够推动企业在技术引进的过程中获取相应的技术资源，而且能够促使企业在自主研发过程中把握技术前沿和市场需求，以推动技术升级与创新产品销售。

6.4.3 企业新颖型商业模式创新更利于产品创新

在商业模式创新效率维度上，高度创新组、适度创新组和无创新组在产品或服务创新性上并无显著差异；在商业模式创新新颖维度上，高度创新组、适度创新组和无创新组在产品或服务创新性上呈现显著递减的趋势；在商业模式创新路径中，侧重于新颖维度组、新颖和效率维度双高组、效率和新颖维度适中组、侧重于效率维度组、不创新组在产品或服务创新性上呈现出显著递减的趋势。由此可见，新三板 IT 企业越侧重于进行新颖型商业模式创新，产品或服务创新性越高。一方面，企业倾向于采用效率型商业模式创新，则意味着企业侧重于成本优化，在内部技术投入上更低，因此产品或服务的创新性不高。另一方面，若企业倾向于采用新颖型商业模式创新，则意味着企业自身需要较大的技术支持，内部研发对于支撑企业把握技术前沿十分重要，技术优势是企业的核心竞争能力之一，因此产品或服务创新性较高。

6.5 关于促进新三板 IT 企业实现绩效增长的对策建议

组织与环境是相互影响并相互渗透的，组织的演化不仅来源于内部技术、资源压力等，还来自外部社会规范、信念等。对组织管理者而言，获取投资者与用户的认可，实现资产和营收的增长是成长与发展的基础；对整个社会而言，IT 企业实现经营绩效的增长不仅有利于整个社会财富的增加，而且能为数字经济的发展提供坚实保障。企业率先发现并利用市场机会进行技术和产品创新等，虽然会带来一定的技术优势，但由于企业信息不对称、市场不成熟、需求偏好未形成等问题，具有先动性、创新性和风险性的新企业往往都面临着成长困境。而企业绩效的增长既是获取内外部利益相关者支持与资源的基础，也是企业持续发展的根本。在 955 家新三板 IT 企业中，有近三成（29.84%）的企业没有实现资产和营收的双增长，约四成的企业（36.23%）没有实现利润的增长。本着进一步推动新三板 IT 企业提升经营绩效、促进企业成长的目的，提出以下对策建议。

6.5.1 明确企业成长路径

企业实现成长不仅是为了得到内外部人员认可，更重要的是获取企业生存与发展所需要的资源。一般而言，企业具有两条路径来实现成长。其一是通过组织变革、内部流程创新、商业模式创新、技术创新等改变自己。采用这种路径的要点是企业需要适应环境，将企业行为限定在现有制度框架之内，在经营活动中严格遵守既有文化秩序和制度，不轻易跨越既有的认知架构。其二是通过用户需求创造、颠覆性创新等改变环境以及外部企业。采取这种路径的要点是企业需要控制环境，企业不仅仅需要适应已有环境，还要对环境中的现象给出新的解释。这种路径在早期可能难以被利益相关者理解，实施的难度相对较大，但若成功却能获取高额的回报。

具体就新三板 IT 企业而言，其具有创新能力强、成长速度快、业务模式新等特点，但同时也存在着较大泡沫，新的业务面临着巨大的不确定性。2017年全国股转公司发布并开始实施的《全国中小企业股份转让系统公开转让说明书信息披露指引第7号——软件和信息技术服务公司（试行）》中，对软件和信息技术服务业申请挂牌公司的知识产权信息披露做出了详细规定，要求IT企业对其知识产权信息进行全面披露。同样，技术能力强是利益相关者对IT企业的普遍期望。若新三板IT企业采取改变自己的路径，需要在招股说明书中展现自身较强的技术能力、较好的商业模式盈利能力等，但未经市场验证的最为前沿的技术能力可能会受到投资者和客户的质疑。若新三板IT企业采取改变环境的路径，则需要实现颠覆性技术创新或者最为新颖的商业模式创新，并已经具有的一定的产品原型和市场认可，从而逐步影响和颠覆整个行业。

6.5.2 突出企业核心优势

企业在追求绩效和成长的过程中，不仅需要展现主观的战略行为，即"做了什么"，如对资源的不断整合优化、完善社会网络的构建、市场的不断开拓等，也需要展现客观的发展能力，即"拥有什么"，如个体层面的创业者教育水平和行业经验，组织层面的知识产权情况，行业层面的行业地位与行业联盟等。这些纷繁复杂的信息共同构成企业的身份名片，塑造出企业是否属于某一领域以及企业是否具有发展前景。从而，企业应该有意识地向外部利益相关者传递企业信息，以消除其对企业的认知偏见。

具体就新三板IT企业而言，在追求绩效和成长过程中，以往具有较好发展的企业在之后发展良好的可能性更大，以往具有发展劣势的企业在之后发展不好的可能性也更强。因此，新三板IT企业在众多信息中选择几点作为重点向投资者和客户传递。作为优势企业而言，应该在招股说明书中着力突出企业的核心优势，如较强的技术能力、新颖的商业模式等。作为劣势企业而言，在突出核心竞争能力的同时还应该突出企业未来发展前景，强调盈利模式，向利益相关者传递出未来获利的可能性。整体而言，有所侧重地向投资者和客户传递出重点信息，满足并超越其原有期望更利于企业成长。

6.5.3 采取分级式技术投入

新三板IT企业需要具有较强的技术能力是实现成长与发展的基础，但太过前沿的技术导向反而会使企业难以获取投资者以及用户认可。因此，企业需要在技术前沿性和市场接受度之间找到平衡点，不仅能达到利益相关者对技术的期许点，也不能过度超前以面临过度的技术风险。面临以上挑战，企业可以尝试采取分级式的技术投入策略。对于初创期的小企业，生存是其发展的首要难题，此时，企业尽量减少前沿技术布局，根植于当前技术的研发。例如，六成研发经费投入到当前成熟技术，三成研发经费投入到当前成长技术，一成研发经费投入到前沿技术。对于度过生存期，具有一定抗风险能力的大中型企业，成长与发展是其面临的首要难题，此时，企业可以加大对前沿技术的探索，但仍要保持自身核心技术能力。例如，五成研发经费投入当前成熟技术，三成研发经费投入当前成长技术，两成研发经费投入前沿技术。依据企业技术风险承受能力采取分级式技术投入，能够在技术导向性上找到平衡。

参 考 文 献

郭韬, 李盼盼, 乔晗. 2021. 技术创业企业商业模式创新前因的组态效应. 科研管理,（1）: 1-9.

韩炜, 杨俊, 胡新华, 等. 2021. 商业模式创新如何塑造商业生态系统属性差异？——基于两家新创企业的跨案例纵向研究与理论模型构建. 管理世界,（1）: 88-107, 7.

纪慧生, 姚树香. 2019. 制造企业技术创新与商业模式创新协同演化: 一个多案例研究. 科技进步与对策, 36（3）: 90-97.

李梦雅, 严太华. 2020. 风险投资、技术创新与企业绩效: 影响机制及其实证检验. 科研管理,（7）: 70-78.

刘建刚, 钱玺娇. 2016. "互联网+"战略下企业技术创新与商业模式创新协同发展路径研究: 以小米科技有限责任公司为案例. 科技进步与对策, 33（1）: 88-94.

戚耀元, 戴淑芬, 葛泽慧. 2016. "互联网+"环境下企业创新系统耦合研究: 技术创新与商业模式创新耦合案例分析. 科技进步与对策, 33（23）: 76-80.

苏敬勤, 张帅, 马欢欢, 等. 2021. 技术嵌入与数字化商业模式创新: 基于飞贷金融科技的案例研究. 管理评论,（11）: 121-134.

王金凤, 程璐, 冯立杰, 等. 2019. 后发企业技术创新与商业模式创新耦合路径: 颠覆式创新视角. 科技管理研究,（23）: 25-34.

魏江. 2006. 知识学习与企业技术能力增长. 北京: 科学出版社.

吴超鹏, 唐菂. 2016. 知识产权保护执法力度、技术创新与企业绩效: 来自中国上市公司的证据. 经济研究,（11）: 125-139.

吴晓波, 朱培忠, 吴东, 等. 2013. 后发者如何实现快速追赶？——一个二次商业模式创新和技术创新的共演模型. 科学学研究,（11）: 1726-1735.

邢小强, 周平录, 张竹, 等. 2019. 数字技术、BOP 商业模式创新与包容性市场构建. 管理世界,（12）: 116-136.

杨蕙馨, 张金艳. 2019. 颠覆性技术应用何以创造价值优势？——基于商业模式创新视角. 经济管理,（3）: 21-37.

杨俊, 薛鸿博, 牛梦茜. 2018. 基于双重属性的商业模式构念化与研究框架建议. 外国经济与管理,（4）: 96-109.

杨俊, 张玉利, 韩炜, 等. 2020. 高管团队能通过商业模式创新塑造新企业竞争优势吗？——基于 CPSED II 数据库的实证研究. 管理世界,（7）: 55-77, 88.

姚明明, 吴东, 吴晓波, 等. 2017. 技术追赶中商业模式设计与技术创新战略共演——阿里巴巴集团纵向案例研究. 科研管理, 38（5）: 48-55.

姚明明, 吴晓波, 石涌江, 等. 2014. 技术追赶视角下商业模式设计与技术创新战略的匹配: 一个多案例研究. 管理世界, (10): 149-162, 188.

易加斌, 谢冬梅, 高金微. 2015. 高新技术企业商业模式创新影响因素实证研究: 基于知识视角. 科研管理, (2): 50-59.

喻登科, 严影. 2019. 技术创新与商业模式创新相互作用关系及对企业竞争优势的交互效应. 科技进步与对策, (11): 16-24.

云乐鑫, 杨俊, 张玉利. 2014. 基于海归创业企业创新型商业模式原型的生成机制. 管理学报, (3): 367-375.

张新民, 陈德球. 2020. 移动互联网时代企业商业模式、价值共创与治理风险: 基于瑞幸咖啡财务造假的案例分析. 管理世界, (5): 74-86, 11.

张新香. 2015. 商业模式创新驱动技术创新的实现机理研究: 基于软件业的多案例扎根分析. 科学学研究, (4): 616-626.

Amit R, Zott C. 2001. Value creation in E-business. Strategic Management Journal, 22 (6/7): 493-520.

Baden-Fuller C, Haefliger S. 2013. Business models and technological innovation. Long Range Planning, 46 (6): 419-426.

Baden-Fuller C, Morgan M S. 2010. Business models as models. Long Range Planning, 43 (2): 156-171.

Bierly P E, Chakrabarti A K. 1996. Technological learning, strategic flexibility, and new product development in the pharmaceutical industry. IEEE Transactions on Engineering Management, 43 (4): 368-380.

Boons F, Ludeke-Freund F. 2013. Business models for sustainable innovation: state-of-the-art and steps towards a research agenda. Journal of Cleaner Production, 45: 9-19.

Cachon G P. 2020. A research framework for business models: what is common among fast fashion, E-tailing, and ride sharing. Management Science, 66 (3): 1172-1192.

Casadesus-Masanell R, Ricart J E. 2010. From strategy to business models and onto tactics. Long Range Planning, 43 (2/3): 195-215.

Casadesus-Masanell R, Zhu F. 2013. Business model innovation and competitive imitation: the case of sponsor-based business models. Strategic Management Journal, 34 (4): 464-482.

Chesbrough H. 2010. Business model innovation: opportunities and barriers. Long Range Planning, 43 (2/3): 354-363.

Chesbrough H, Rosenbloom R S. 2002. The role of the business model in capturing value from innovation: evidence from Xerox Corporation's technology spin-off companies. Industrial and Corporate Change, 11 (3): 529-555.

Christensen C M, Bower J L. 1996. Customer power, strategic investment, and the failure of leading firms. Strategic Management Journal, 17（3）: 197-218.

Cozzolino A, Verona G, Rothaermel F T. 2018. Unpacking the disruption process: new technology, business models, and incumbent adaptation. Journal of Management Studies, 55（7）: 1166-1202.

Evanschitzky H, Eisend M, Calantone R J, et al. 2012. Success factors of product innovation: an updated meta-analysis. Journal of Product Innovation Management, 29: 21-37.

Hart S, Christensen C. 2002. The great leap: driving innovation from the base of the pyramid. MIT Sloan Management Review, 44（1）: 51-56.

Hwang J, Christensen C M. 2008. Disruptive innovation in health care delivery: a framework for business-model innovation. Health Affairs, 27（5）: 1329-1335.

McDonald R M, Eisenhardt K M. 2020. Parallel play: startups, nascent markets, and effective business-model design. Administrative Science Quarterly, 65（2）: 483-523.

Morgan M S. 2012. Modelling as a Method of Enquiry. Cambridge and New York: Cambridge University Press.

Osterwalder A, Pigneur Y. 2010. Business Model Generation: A Handbook for Visionaries, Game Changers, and Challengers. New York: John Wiley & Sons.

Rai A, Tang X. 2014. Information technology-enabled business models: a conceptual framework and a coevolution perspective for future research. Information Systems Research, 25（1）: 1-14.

Ritala P, Sainio L M. 2014. Coopetition for radical innovation: technology, market and business-model perspectives. Technology Analysis & Strategic Management, 26（2）: 155-169.

Sandberg W R, Hofer C W. 1987. Improving new venture performance: the role of strategy, industry structure, and the entrepreneur. Journal of Business Venturing, 2（1）: 5-28.

Schumpeter J A. 1942. Capitalism, Socialism and Democracy. New York: Harper & Row: 132-145.

Shirky C. 2008. Here Comes Everybody: The Power of Organizing Without Organizations. London: Penguin.

Snihur Y, Zott C. 2020. The genesis and metamorphosis of novelty imprints: how business model innovation emerges in young ventures. Academy of Management Journal, 63（2）: 554-583.

Teece D J. 2010. Business models, business strategy and innovation. Long Range Planning, 43（2/3）: 172-194.

Tongur S, Engwall M. 2014. The business model dilemma of technology shifts. Technovation, 34（9）: 525-535.

Trimi S, Berbegal-Mirabent J. 2012. Business model innovation in entrepreneurship. International Entrepreneurship and Management Journal, 8（4）: 449-465.

Zaheer A, Bell G G. 2005. Benefiting from network position: firm capabilities, structural holes, and performance. Strategic Management Journal, 26（9）: 809-825.

Zott C, Amit R. 2007. Business model design and the performance of entrepreneurial firms.

Organization Science, 18（2）: 181-199.

Zott C, Amit R. 2008. The fit between product market strategy and business model: implications for firm performance. Strategic Management Journal, 29（1）: 1-26.

Zott C, Amit R, Massa L. 2011. The business model: recent developments and future research. Journal of Management, 37（4）: 1019-1042.

附录：基于 CPSED Ⅱ 数据库的研究成果

跨校学术团队联合开发 CPSED Ⅱ 数据库，产出了丰富的合作研究成果，在《管理世界》《管理科学学报》《南开管理评论》等刊物发表论文 15 篇；在 *Strategic Entrepreneurship Journal* 等国际学术期刊审稿论文 3 篇。部分代表性成果如下所示。

Tang J T, Yang J, Ye W P, et al. 2022. Speaking of opportunities：the effect of language on entrepreneurial alertness. Academy of Management Proceedings, 2022（1）.

杨俊, 张玉利, 韩炜, 等. 2020. 高管团队能通过商业模式创新塑造新企业竞争优势吗？——基于 CPSED Ⅱ 数据库的实证研究. 管理世界, 36（7）：55-77, 88.

马鸿佳等, "创新驱动的互联网新企业成长路径研究",《管理科学学报》, 已录用.

叶文平, 杨赛楠, 杨俊, 等. 2022. 企业风险投资、商业模式塑造与企业绩效：基于 CPSED Ⅱ 的实证分析. 管理科学学报, 25（12）：1-20.

买忆媛, 古钰, 叶竹馨. 2023. 最优区分视角下新手创业者设立 CTO 的影响因素研究. 南开管理评论, 26（2）：166-176, 187.

韩炜, 高宇. 2022. 高管团队内部非正式社会网络联结与新创企业绩效：基于商业模式创新的中介作用. 南开管理评论, 25（5）：65-76, 106.

韩炜, 宋朗. 2023. 新创企业团队断裂带与效率型商业模式创新：基于 CPSED Ⅱ 数据库的实证研究. 管理评论, 35（8）：144-156.

韩炜, 高宇. 2022. 什么样的高管团队能够做出商业模式创新？. 外国经济与管理, 44（3）：136-152.